Intervenções grupais nos direitos humanos

Dados Internacionais de Catalogação na Publicação (CIP)
(Câmara Brasileira do Livro, SP, Brasil)

Intervenções grupais nos direitos humanos / Heloisa Junqueira Fleury, Marlene Magnabosco Marra (orgs.). – São Paulo : Ágora, 2005. – (Intervenções grupais)

Bibliografia.
ISBN 85-7183-899-2

1. Cidadania 2. Direitos humanos 3. Intervenção (Psicologia) 4. Psicodrama 5. Psicoterapia de grupo 6. Sociodrama I. Fleury, Heloisa Junqueira. II. Marra, Marlene Magnabosco. III. Série.

05-2758 CDD-150.198

Índice para catálogo sistemático:

1. Intervenções grupais: Psicodrama: Método psicanalítico: Psicologia 150.198

Intervenções grupais nos direitos humanos

Heloisa Junqueira Fleury
Marlene Magnabosco Marra
(orgs.)

EDITORA
ÁGORA

Capa: **Brasil Verde - BVDA**
Diagramação e fotolitos: **All Print**

Editora Ágora
Departamento editorial:
Rua Itapicuru, 613 – 7º andar
05006-000 – São Paulo – SP
Tel.: (11) 3872-3322
Fax: (11) 3872-7476
http://www.editoraagora.com.br
e-mail: agora@editoraagora.com.br

Atendimento ao consumidor:
Summus Editorial
Tel.: (11) 3865-9890

Vendas por atacado:
Tel.: (11) 3873-8638
Fax: (11) 3873-7085
e-mail: vendas@summus.com.br

Impresso no Brasil

Sumário

Apresentação

HELOISA JUNQUEIRA FLEURY

Ao final do século XX, valores como qualidade de vida e cidadania social colaboraram para novas metas sociais e para uma transformação paradigmática, caracterizada pela busca da convergência de conhecimentos de diferentes áreas, propiciando um olhar criativamente ampliado sobre o saber e fazer humanos.

A tendência atual de busca de diálogo entre diferentes disciplinas, numa interlocução que preserve a especificidade de cada uma delas, tem trazido grandes desafios para o exercício profissional. Nesse contexto, as práticas vivenciais foram reconhecidas como instrumentos eficazes na promoção de uma conexão criativa entre diversas áreas profissionais e entre pessoas com diferentes referenciais socioculturais, estimulando o desenvolvimento de metodologias psicossocioeducacionais aplicadas na mobilização, na organização e no desenvolvimento de grupos.

Em 1997, nessa transição paradigmática, Marlene Marra e eu iniciamos uma profícua parceria na Diretoria Executiva da Federação Brasileira de Psicodrama (Febrap). Nessa época, ela como presidente e eu na Diretoria de Administração e

Finanças, identificávamos um desenvolvimento crescente de intervenções grupais, ampliando o campo de trabalho dos psicodramatistas. No entanto, as diversas tendências metodológicas e peculiaridades desse psicodrama contemporâneo não eram bem reconhecidas pelos poucos protocolos descritivos disponíveis.

Nos anos seguintes, como presidente da Febrap por duas gestões (1999/2000 e 2001/2002), tive o privilégio de conhecer profissionais de várias regiões do país e comprovar o potencial criativo dos psicodramatistas para o desenvolvimento de novas áreas de atuação.

Em 2003, apresentei a pluralidade de intervenções grupais no Brasil em pôster premiado pelo 15º Congresso Internacional de Psicoterapia de Grupo, promovido pela International Association of Group Psychotherapy (IAGP), ocorrido em Istambul, na Turquia. Essa premiação reconheceu a pujança das práticas grupais no Brasil e estimulou-nos a retomar o velho projeto de garimpar exemplos práticos dessas experiências.

Nessa época, eu havia sido eleita para o *board* da IAGP e convidada para a função de *co-chair* do Comitê Científico do 16º Congresso Internacional de Psicoterapia de Grupo, que acontecerá em São Paulo, em julho de 2006. Mais do que nunca era importante ampliar o reconhecimento dos psicodramatistas brasileiros dedicados ao desenvolvimento das intervenções grupais.

Contatamos colegas de todas as regiões do país, tomando como critério a participação em congressos brasileiros e em programas da Febrap. Queríamos descrever intervenções com resultados avaliados e discutidos, estimulando um intercâmbio científico diferenciado com a comunidade psicodramática brasileira.

Por outro lado, essas ações são voltadas tanto para os cidadãos em seus ambientes naturais, ou usuários de serviços públicos e privados, como para as equipes técnicas e os gestores de políticas institucionais. Assim, agrupamos esses protocolos contemporâneos em quatro grandes especificidades: direitos humanos, organizacional, educação e saúde.

Vários colegas gostaram da idéia, e decidimos criar um livro que incluísse as mais diferentes formas de atuação e intervenção. Organizamos, assim, o material com a colaboração dos diversos autores. Ficou uma obra alinhada, adequada e competente para nossos objetivos, porém um volume enorme.

Como queríamos privilegiar a todos, a editora nos sugeriu que lançássemos a obra em quatro volumes. Seriam livros menores, agrupando áreas de atuação diferenciadas, embora saibamos que os aspectos de saúde, educação, direitos humanos e organizacional são includentes, transversais e complementares entre si.

Assim, foi possível a publicação não de um livro, mas da coletânea que ora apresentamos. O primeiro volume trata dos direitos humanos.

A transformação da realidade social, proposta por Jacob Levy Moreno, pressupõe a promoção de ambientes ecológicos, caracterizados por uma nova perspectiva de subjetividade, participativa e orientada pelos interesses coletivos. As intervenções grupais são inúmeras nessa área, com objetivos amplos e diversificados, como o desenvolvimento sustentável nas comunidades com o levantamento de soluções práticas e reais para as questões abordadas; a promoção da cidadania social em populações excluídas dos direitos humanos básicos; a formação de agentes multiplicadores; a capacitação para a promoção da saúde e a criação de metodologias de multiplicação pelos representantes das comunidades; a construção de redes sociais de sustentação para grupos; a capacitação de conselheiros dos Direitos da Criança e do Adolescente para o desenvolvimento da autonomia social e a reconstrução de vínculos, entre outras.

Os brasileiros que trabalham com grupos têm desenvolvido metodologias para lidar com as questões emergentes da sociedade. A demanda tem sido crescente por intervenções com objetivos definidos e passíveis de avaliação, estimulando o aprimoramento das intervenções grupais.

Maior articulação entre esses profissionais poderá otimizar as muitas soluções criativas desenvolvidas em suas especificidades. Algumas iniciativas de construção de redes para a sustentação e troca de experiências têm otimizado recursos e promovido o aprofundamento científico.

Esperamos trazer visibilidade para os profissionais comprometidos com o aprimoramento das intervenções grupais, tornando este livro um estímulo para a interlocução criativa. Acreditamos ser esse mais um passo neste profícuo percurso, construído a muitas mãos, nossas e de todos os psicodramatistas que incentivam e contribuem de várias formas para o desenvolvimento do psicodrama brasileiro.

Introdução

MARLENE MAGNABOSCO MARRA

Intervir para mudar

Como fazer o visível e o invisível vir à tona? Como produzir conhecimento crítico nos que estão na origem da demanda e não aparecem? Como investigar os dramas do cotidiano e ao mesmo tempo dar-lhes respostas urgentes e democráticas? Como ir aonde a demanda está presente e reclama por direito, novos significados e conhecimentos? E o que acontece com ela quando abrimos um espaço social, cultural e simbólico do "como se"?

Para Dubost (2001), intervir — de vir entre (uma pessoa, um grupo, um sistema e seus problemas, dois atores ou diversas instâncias em interação) — fundamenta-se no postulado de que o conhecimento representa um valor ou um bem e que a sua conquista é elemento de uma estratégia de mudança.

As práticas sociais têm o objetivo de reinstalar o sujeito na organização social. As situações vividas são organizadas como modo de promover a si mesmo e os outros. Quem participa de um processo transformativo adquire competência, pois desenvolve sua capacidade de aprender acerca da própria aprendizagem.

Os grupos são contextos privilegiados de intervenção e pesquisa-ação. Os processos sociais expressam a complexidade de formas de atualização, articulação e transformação. A mudança representa um novo conhecimento vivido pelo sujeito ou pela comunidade, uma ruptura com um ciclo de repetições e, conseqüentemente, o acesso a uma nova história. Portanto, a intervenção favorece o processo organizacional do grupo (Levy, 2001).

Trabalhamos com a descrição e as análises sociais de práticas realizadas em situações concretas e reais, e com os autores no papel de pesquisadores — interventores à maneira de um catalisador.

As intervenções apresentadas visam desencadear uma ação transformadora e investigadora para o desenvolvimento de um círculo criativo entre ação e reflexão crítica.

O CONTEXTO DAS PRÁTICAS SOCIAIS

O conhecimento e a aprendizagem são dimensões fundamentais do ser humano, pois é com eles que mudamos a realidade e a nós próprios (Demo, 2000).

Paulo Freire (1993) já anunciava que não podemos nos prender a uma única forma de interpretar o mundo, ficando excluídos como sujeitos dele. Precisamos intervir, pesquisar e conseqüentemente conhecer novas organizações das ações no mundo, comprometidos com a coexistência de diferentes e novos paradigmas que não se esgotam em um único modelo e uma única aplicação.

A pesquisa qualitativa esclareceu que o conhecimento é uma intervenção, que nos possibilita denunciar a intensidade, profundidade, variabilidade, confiabilidade, flexibilidade e captar as recorrências, fazer novas leituras, imprimir novos significados. Permitiu-nos ainda colocar o que se constrói no grupo e no coletivo em discussões abertas, definindo novas posturas com relação ao poder, e certificar que a autoridade do argumento de qualquer componente do grupo deve ser confirmada e respeitada. Portanto, o poder da autoridade do argumento não está em vencer, mas em "con-vencer", numa atitude de compromisso, co-responsabilidade e parceria (Demo, 2001).

O pressuposto é construir redes de solidariedade, recuperar o poder próprio das pessoas, dos grupos e das comunidades. Pensamos que o conhecimento constrói-se pela relação com os saberes dos outros. Dessa forma, todos somos considerados multiplicadores do saber, uma vez que a busca do conhecimento favorece um processo de participação, constituição de cidadania e formação de redes. Toda comunicação é co-participativa.

Queremos, então, nesta introdução, fazer uma ligação entre pesquisa-ação, intervenção e conhecimento. A intervenção é intrínseca ao conhecimento, que é sempre considerado um fenômeno político (Demo, 2001). Pesquisar é fazer novos conhecimentos vir à tona, explicitar. Toda teoria é uma intervenção, corresponde a um momento e é multicultural (Demo, 2001).

A epistemologia que fundamenta as práticas sociais amplia o foco individual para o coletivo, dirigindo a atuação do profissional para a demanda da clientela onde ela se insere. E, ao mesmo tempo que intervém, faz pesquisa (Costa, 1998). Oferece a possibilidade de ampliar os conhecimentos, socializar os recursos, apoiar os sistemas e mediar as situações.

O contexto das práticas sociais passa por uma perspectiva mais relacional, na qual os trabalhos são inter, multi e transdisciplinares. Tem uma conexão entre os saberes científicos e populares (resgate do senso comum e das comunidades interpretativas), como coloca Santos (1998), e trabalha o macroestrutural no microestrutural, considerando a complementaridade do qualitativo e do quantitativo, como fez Moreno em seu trabalho em Hudson.

O enfoque das intervenções e práticas sociais está ligado à psicologia social crítica e histórica, vendo o homem em construção (Marra, 2004*b*).

O que são as práticas sociais? São formas de trabalho cuja concepção é socionômica, sistêmica e integradora, com a perspectiva de possibilitar melhores condições humanas e de qualidade de vida. A intervenção é uma prática sociopsicológica feita com grupos relativamente pequenos, nos quais os conflitos e as contradições são trabalhados concretamente por todos em relações diretas, em um lugar praticado em que vivemos o que teórica, metodológica e filosoficamente dizemos e pensamos.

As práticas sociais implicam uma condição de participação e flexibilidade, nascem nos meios sociopolíticos, são participativas, acolhem, recolhem e respondem a todos e a cada modo de fazer, respaldando o conhecimento que não tem dono e é produzido na relação (Marra, 2004*b*).

Os instrumentos de trabalho são as relações sociais e contextuais. Eles promovem ações, movimentos e processos – ao buscar conhecer a competência e os recursos de cada um e do grupo –, integram vários campos do saber e aprofundam o diálogo das práticas sociais com as demais práticas do conhecimento, mostrando que todo conhecimento é uma prática social, e todo conhecimento é autoconhecimento (Santos, 1998). Eles transformam a ação em investigação (pesquisa-ação, pesquisa participante). Todos os participantes do grupo são um observador participante ou um facilitador-interventor (Moreno, 1972) e trabalham com o desenvolvimento de estratégias e não com programas previamente estabelecidos.

Portanto, nas práticas sociais desenvolvemos vínculos de apoio e sustentação dos recursos internos de cada participante (capital humano). Aproveitamos a trama social na solução de problemas concretos (capital social), conectando os diferentes papéis dos participantes por meio de uma criação conjunta de novos significados, novas práticas, relações, identidades e outras formas de realidade social.

Há muitas maneiras de participar, intervir e conhecer que abrangem diferentes níveis: pessoal, relacional e contextual, e vários tipos de intervenção: de facilitação, sustentação, mediação, terapêutica, controle, tutela e aprendizagem educacional (processos de aprendizagem a partir da própria experiência). Intervimos quando perguntamos, quando respondemos, dramatizamos, jogamos e, também, quando silenciamos.

A SOCIONOMIA COMO METODOLOGIA DE INTERVENÇÃO

São muitos os paradigmas, as formas e as ações em constante organização de si mesmos, porque são ordenados a partir do próprio movimento de reorganização da sociedade.

Os quatro volumes que constituem esta coletânea assumiram o desafio de contribuir com o processo de construção dos paradigmas que acompanham as ciências sociais e incluem a socionomia como uma abordagem teórico-metodológica nesse campo do saber. Reafirmamos o compromisso da socionomia com a educação no seu sentido amplo, com a democratização do acesso ao conhecimento, com a construção coletiva dos sujeitos sociais em busca de um novo modelo de desenvolvimento que garanta os valores humanistas, com a contribuição de estratégias fundamentais na superação das desigualdades e com o desenvolvimento sustentável para as comunidades (Marra, 2004*a*).

O pressuposto de transição paradigmática sem fim de Santos (2001) está fundado na compreensão de que devemos fazer intervenções nas diferentes formas de pensar e agir dos diversos grupos culturais da sociedade. Assim, identificaremos neles formas alternativas de organização e de produção do conhecimento — aproximando aspectos distintos de uma situação, mediando, dando limites, convocando laços sociais, organizando redes, implementando recursos.

Dessa forma, a socionomia fica conectada com a complexidade dos saberes e dos fazeres, numa postura investigativa e reflexiva, não se isolando de uma prática que pretende a existência, a formação e a política dos sujeitos, e colocando-se como um caminho de investigação da psiquê e do *socius* sempre em conexão.

Sua perspectiva é estimular nos participantes a crítica, construir um novo olhar sobre o mundo a partir da ação e interação com os demais participantes. Ver o mundo, as situações e as relações não como algo já dado, mas favorecendo uma estrutura inédita de comunicação. Os participantes do grupo são chamados a vivenciar práticas novas. Escolhem e inventam, mais ou menos livremente, pois é o movimento do grupo que vai dando as diretrizes, os princípios e as modalidades de intervenção. As escolhas dos modos de intervenção iniciais arriscam-se a cada momento a ser atropeladas pelos acontecimentos do processo.

A socionomia comporta, portanto, uma dimensão de espontaneidade, criatividade e resolutividade. Os participantes, agentes sociais, chamados a realizar essa prática, rompem com o constituído, buscando pesquisar verdadeiramente como poderiam resolver os problemas e as dificuldades presentes.

Dessa forma, na socionomia, a pesquisa, a ação e, conseqüentemente, o conhecimento são pólos que interligam aspectos de um mesmo processo. O participante do grupo, ao mesmo tempo que constrói seu espaço, constrói sua autonomia como sujeito e investigador (Marra, 2004*a*). Reconhecemos Moreno (1951) como um dos precursores da pesquisa qualitativa na linha da pesquisa-ação.

Esses pressupostos materializam-se nas mais diversas intervenções realizadas pelos autores e nas diferentes aplicações do psicodrama e sociodrama como métodos de produção do conhecimento.

A socionomia tem assegurado um conceito mais ampliado de intervenção e pesquisa-ação, pois faz e pensa a formação humana, seja ela na escola, no hospital, na clínica, na família, na comunidade e nos movimentos sociais. Temos condições de investigar e conhecer, por meio de nossa metodologia, os processos de formação, aprendizagem e desenvolvimento do ser humano e suas complexidades.

Referências bibliográficas

ALMEIDA, W. C. *Formas do encontro*. Psicoterapia aberta. São Paulo: Ágora, 1998.

COSTA, L. F. *Grupos multifamiliares*: uma proposta de intervenção em psicologia clínica na comunidade. 1998. Tese (Doutorado em Psicologia Clínica) – Instituto de Psicologia da Universidade de São Paulo, São Paulo, 1998.

DEMO, P. *Conhecer e aprender*. Sabedoria dos limites e desafios. Porto Alegre: Artes Médicas, 2000.

________. *Pesquisa e informação qualitativa*. São Paulo: Papirus, 2001.

DUBOST, J. Notas sobre a origem e evolução de uma prática de intervenção psicossociológica. *In:* MACHADO, M. N. M.; CASTRO, E. M.;

ARAÚJO, J. N. G.; ROEDEL, S. (orgs.). *Psicossociologia, análise social e intervenção (165-177)*. Belo Horizonte: Autêntica, 2001.

FREIRE, P. *Educação e mudança*. Rio de Janeiro: Paz e Terra, 1993.

LEVY, A. Intervenção como processo. *In:* MACHADO, M. N. M.; CASTRO, E. M.; ARAÚJO, J. N. G.; ROEDEL, S. (orgs.). *Psicossociologia análise social e intervenção (165-177)*. Belo Horizonte: Autêntica, 2001.

MARRA, M. M. *O agente social que transforma*: o sociodrama na organização de grupos. São Paulo: Ágora, 2004*a*.

_______. O psicodrama como proposta teórico-metodológica para a comunidade. *Família e Comunidade*, São Paulo, v. I, n. 1, pp. 15-38, 2004*b*.

MORENO, J. L. *Sociometry, experimental method and the science of society*: an approach to a new political orientation. Nova York: Beacon House, 1951.

SANTOS, B. S. *A crítica da razão indolente*. Contra o desperdício da experiência. São Paulo: Cortez, 2001.

_______. *Um discurso sobre as ciências*. Porto: Edições Afrontamento, 1998.

1

Resgate dos direitos humanos — a cidadania, os sujeitos de direitos, as instituições

MARLENE MAGNABOSCO MARRA

Eixos pertinentes à reflexão

Meu encontro e interesse por este tema nasceram a partir de dois momentos. O primeiro é muito antigo, vivido e experimentado. Sou filha de imigrantes que se instalaram no interior de Minas Gerais e lutaram muito para se estabelecer no Brasil. Eram agricultores, mas não os donos da terra. Muito cedo já soube o que é ser uma criança e, mais tarde, uma adolescente que não teve acesso aos bens comuns, aos direitos fundamentais necessários ao desenvolvimento e também aos bens de consumo. Portanto, excluída e discriminada dos direitos transhumanos. Esses sentimentos evidentemente nortearam minha direção profissional. Já adolescente, trabalhei com alfabetização de adultos e em cooperativa rural; depois, fui professora da rede pública de ensino.

Todos esses encaminhamentos direcionaram meu encontro com Jacob Levy Moreno, autor da socionomia, por me garantir um modo de intervir na construção da participação, vista como qualificação social, e buscar uma nova cultura política que assegurasse o desenvolvimento do sujeito de direito.

A socionomia tem como princípio a politicidade do cuidado na perspectiva comunitária e considera os direitos humanos como multiculturais (Demo, 2000). Esse autor coloca, ainda, que as culturas são relativas e não relativistas, e Santos (2001) acrescenta que conhecer só tem sentido para libertar. Vista desse ângulo, a socionomia é uma metodologia participativa que promove o exercício constante da cidadania e tem como referência a política de inclusão e o fortalecimento da organização social.

Hoje meu trabalho tem como meta a inserção dos direitos das crianças e dos adolescentes entre os direitos humanos. Trabalhar para que as crianças e os adolescentes tenham seus direitos respeitados e possam cumprir com os deveres que lhes competem. Porém, meu trabalho não é diretamente com crianças e adolescentes, mas com aqueles que assumem a responsabilidade por eles: famílias, conselheiros tutelares, professores e agentes sociais, na perspectiva do preparo do formador, fundamentada na teoria e metodologia socionômica.

O vínculo estreito entre pesquisa e ação é a base da socionomia (Moreno, 1951). Seu interesse maior foi pelo estudo do sujeito em situações cotidianas, em seus grupos, suas organizações e comunidades. Os problemas e processos são prioritários em relação aos métodos – uma preocupação especial com as instâncias de transformação e mudança. O objetivo primeiro da socionomia é o desenvolvimento da espontaneidade e criatividade para garantir a condição do amadurecimento, a conquista da autonomia e de uma ética que está a cargo da transformação do homem e da realidade social (Marra, 2004).

Nossas vivências de participação geram mudanças e fazem-nos assumir dimensões talvez nunca pensadas. Trabalhamos com os formadores para torná-los multiplicadores dessa prática vivenciada, para construírem uma rede de novos significados, idéias, visões e desafios, ativando o processo sem fim de aprendizagem.

A aprendizagem está profundamente marcada pela virtude: "trabalhar os limites em nome dos desafios e os desafios dentro dos limites" (Demo, 2000, p. 10). A aprendizagem é expressão política e seu paradigma é o da passagem, da inovação, da provisoriedade. Estamos falando de uma "avaliação qualitativa" que, para Demo (1999), implica, necessariamente, participação da comunidade, busca da qualidade política – capacidade da comunidade de autogerir na criatividade cultural dentro dos condicionantes históricos e sociais locais, num esforço de busca de sua identidade e autopromoção.

A iniciação das crianças na cultura, nos valores comunitários e nas normas sociais começa pela convivência familiar. Dessa forma, a situação da criança e a identidade do adolescente são o resultado de como se encontram nossas famílias. O bem-estar deles está diretamente relacionado à situação socioeconômica da família, às oportunidades que favoreçam seu desenvolvimento, bem como à possibilidade de manter um vínculo estável de apoio, educação, saúde, alimentação e tantas outras com a família.

Leis são necessárias e essenciais na definição e garantia de direitos e políticas. Medidas socioeducativas devem ser adotadas e aplicadas em diferentes áreas, como educação, saúde, proteção à família, defesa de direitos e atendimento especial. Foi com essa finalidade que surgiram o Estatuto da Criança e do Adolescente (ECA), os Conselhos de Direito da Criança e do Adolescente (CDCAs) e os Conselhos Tutelares (CTs), na perspectiva de uma mudança de comportamento social, institucional e jurídico em relação aos problemas da infância e adolescência.

Descobrindo recursos a partir da mudança do sistema

Não é possível imaginar que o sofrimento humano ou a ausência de direitos sejam simplesmente redutíveis a um único fator, um único paradigma. São combinações complexas.

Segundo uma visão sistêmica e socionômica do mundo, podemos compreendê-los como uma rede de inter-relações, na qual estão incluídos tanto os indivíduos como os sistemas familiares, os grupos, as organizações e as instituições, construindo e sendo construídos por eles mesmos, o que significa compreender que estão intimamente ligados. São interdependentes e não podem ser entendidos no âmbito da metodologia fragmentada.

Nem todas as formas de organização contribuem para a formação de sujeitos sociais de seus membros e da sociedade em que se inserem. Diante dessas exigências, as grandes transformações sociais e tecnológicas, as novas perspectivas em um mundo que se mostra instável deixam conseqüências imensas. Desde o empobrecimento qualitativo de formas de viver, o não-reconhecimento do ser como cidadão, até populações inteiras submetidas a situações geradoras de grandes sofrimentos, como o desemprego, a desagregação familiar, a violência, a exclusão. Temos de dar conta de nos situarmos em um mundo de certezas, incertezas e caos.

Em uma visão sócio-histórica, os anos 1980 trouxeram para o cenário, tanto o teórico como o das práticas dos movimentos sociais, novos protagonistas. Ações coletivas com a perspectiva de abrir interlocuções entre si e com o governo foram desenvolvidas com a finalidade de assegurar os direitos sociais e o exercício da cidadania das crianças e dos adolescentes e, conseqüentemente, das famílias, resguardando suas identidades culturais. Denúncias e manifestações populares em torno desse tema também faziam parte do cenário. Um novo paradigma vislumbrava-se, pois as políticas implementadas durante a ditadura militar até então haviam fracassado. A complementaridade que o Estado fazia com a sociedade menos favorecida não mais funcionava. Uma nova perspectiva educativa e não corretiva começava a ganhar visibilidade e expressão. Nesse enredo, em que haviam sido jogados pelos acontecimentos históricos crianças, adolescentes, famílias, Estado, sociedade e instituições diversas, cada um desempenhou um papel real, a que Moreno (1972) chama de papel social e que traz a dimensão da realidade, mas também cada um desempenhou um papel psicodramático, que traz a dimensão psicológica. Todos em *status nascendi* deveriam converter-se de espectadores em atores. Atores do seu próprio drama coletivo, isto é, dos dramáticos conflitos sociais em que estavam realmente envolvidos. O objetivo era a busca de uma nova ordem das coisas, na qual o papel de ator social começasse a desenvolver-se.

Para que essas ações e políticas se efetivassem, tanto Estado como sociedade civil precisariam movimentar-se para ganhar novas percepções e representações. Era necessário olhar-se e olhar o outro para compreender como estruturaram seu vínculo e como estabeleceram até então sua complementaridade. O espaço e o tempo de interação em que diferentes formas simbólicas de relação foram construídas necessitavam de uma ressignificação. Era preciso repensar o espaço que ocupava a atuação do Estado, principalmente a ineficiência da Política Nacional do Bem-Estar do Menor (Campelo, 2001).

Nesse processo de reconstrução, muitas instituições sociais foram protagonistas em um campo de interação, em princípio, tenso e confuso, no qual não se delineavam perspectivas e as personagens eram indiferenciadas. Foi necessária a promulgação de um instrumento técnico que garantisse os direitos sociais a todos os cidadãos, como resposta à participação popular, no sentido de uma ação governamental respaldada nos princípios e nas diretrizes da Constituição Federal (CF).

Novos espaços de exercício político e social foram, então, construídos, aproximando mais o Poder Público da comunidade, implicando novas relações sociais e outras formas de participação, rompendo com uma postura clientelista, autoritária e uma participação passiva. Porém, entre o discurso e a ação coabitam, coexistem inúmeras questões que se instalam no campo da interação, sejam objetivas ou subjetivas, impedindo a efetiva realização dessa proposta popular, que, às vezes, parece utópica. Forças do Estado e da sociedade conflitam e estão em posição dialética, prefigurando poder, injustiças e passividade. Apenas ganhamos algumas batalhas, mas a luta precisa avançar no sentido de educar a população para a co-responsabilidade, o reconhecimento das competências de cada um e o pertencimento como cidadãos.

Todas essas transformações convergem para uma mudança de paradigma, ao colocar a sociedade civil como um dos atores do controle social. Tantos anos alijada do processo, principalmente no que diz respeito à criança e ao adolescente, a sociedade tem agora poder, antes nas mãos de um único ator, o Estado, representado pelos juízes. É desse processo de mobilização e conquista, quando do retorno da sociedade à cena pública e da reforma do Estado com os princípios de descentralização e municipalização, que nascem os Conselhos Tutelares (CTs), cujo principal papel é mediar a ação pública e o espaço privado.

Para esse organismo público e espaço democrático de participação popular, com 14 anos de uma história recente, torna-se relevante sua integração à comunidade, criando redes de sustentação para a organização, a divulgação, o reconhecimento de seu trabalho e a ampliação de seu conhecimento e de suas experiências. Consideramos essenciais para esse processo a participação da família e a construção de parcerias com essa instância complementar.

Dessa forma, com a descentralização político-administrativa, as ações a cargo da União ficaram limitadas pela Constituição. Restringiu-se, também, o papel do Estado e ampliaram-se consideravelmente as competências e responsabilidades do município e da comunidade.

FORMANDO MULTIPLICADORES

Assim, compreendemos os CTs como sujeitos de sua própria organização, autônomos, buscando sua competência na direção da municipalização e da consolidação popular, na definição e no controle das políticas sociais e públicas.

Porém sabemos que todas essas questões fazem parte de um problema estrutural mais amplo, com marcantes desigualdades sociais, políticas e econômicas, estabelecidas e instaladas atualmente pelo projeto neoliberal, no qual o papel e o lugar do Estado têm se enfraquecido e vêm expandindo os mecanismos de desrespeito ao cidadão, a corrupção e a violência em todos os sentidos. Em conseqüência, as famílias perdem sua forma específica de agregação e o processo integrante da vida e das trajetórias individuais de seus membros. Assim, as crianças e os adolescentes são vítimas desse sistema injusto, sem expectativa e perspectiva de futuro nessa sociedade capitalista.

Observamos, então, uma nova ordem em que a lógica capitalista, ao excluir, possibilita e reforça uma inclusão marginal. Martins (1997, p. 32) esclarece com a seguinte descrição:

> O capitalismo, na verdade, desenraíza e brutaliza a todos, exclui a todos. Na sociedade capitalista, essa é uma regra estruturante; todos nós, em vários momentos de nossa vida e de diferentes modos, dolorosos ou não, fomos desenraizados e excluídos. É próprio dessa lógica de exclusão a inclusão. A sociedade capitalista desenraíza, exclui para incluir, incluir de outro modo, segundo sua própria lógica. O problema está justamente nessa inclusão.

Essa inclusão indicada pelo autor é visível em nossa sociedade, principalmente no que se refere ao fenômeno da drogadição, no qual estão envolvidos nossas crianças e jovens, vulneráveis ao risco social mais extremo, a despeito dos avanços significativos da legislação e dos grandes debates sobre as práticas democráticas e os direitos humanos.

À medida que essas divisões e fragmentações vão estabelecendo-se em um sistema, sua criatividade e espontaneidade ficam bloqueadas e sua capacidade de adaptação às contingências do cotidiano e de organização estagnada. As correntes psicológicas que circundam essa "realidade externa" minam a "matriz sociométrica", impedindo a explicitação de seu funcionamento e a movimentação para novas formas de organização, aparecendo uma "realidade social" que viciosamente vai criar e perpetuar as práticas dominantes (Moreno, 1992). Os tantos outros significados dessa interação serão marginalizados, pois serão pano de fundo, e as mudanças transformadoras não poderão emergir. As gerações futuras sofrerão prejuízo. E essa atitude promove a justiça social? Têm os cidadãos a dimensão política do seu papel? E, se a têm, como estabelecem relações pautadas num saber que corresponde a um poder? A realidade social é necessariamente política porque é feita pelos atores (Demo, 1999).

Os reflexos dessa situação trazem-nos o consenso de que o quadro de vulnerabilidade das famílias tem uma correspondência direta com sua situação de pobreza e, em síntese, de que esse quadro determina elevadas desigualdades socioeconômicas, bem como o impacto da ação do Estado por meio de suas políticas sociais e públicas.

E como são e estão nossas famílias? Sabemos que a simples existência de um amontoado em que convivem várias pessoas, por si só, não assegura os direitos de grande parcela da população brasileira. Além disso, existem outras tantas crianças e adolescentes considerados "meninos de rua", exemplo de pouca ou nenhuma convivência familiar, que têm seus direitos gravemente violados.

A perda de poder, em primeiro lugar de si mesmo e depois das condições sociais, e a vivência constante em situações de risco que envolvem o cotidiano dessas famílias, que gera a exclusão à cidadania, deixam-nas amedrontadas e carentes. Esses sentimentos provocam uma atitude de impotência, não lhes permitindo ocupar seu espaço nas relações que automaticamente lhes confeririam poder. Poder no sentido de ser e estar na convivência, de ter seus próprios valores, de ser reconhecido como cidadão, contribuindo e contribuinte de uma sociedade mais justa e igualitária.

Assim, percebemos que as famílias deveriam ser consideradas agentes sociais e objetos de políticas públicas para o desenvolvimento da democracia, da inclusão social e da cidadania.

Dessa forma, não é possível discutir a questão dos direitos humanos desvinculados da família, considerada segmento-alvo de políticas de bem-estar social, de qualidade de vida e do desenvolvimento humano e comunitário.

Desde a criação do Fundo das Nações Unidas para a Infância (Unicef), em 1946, dentre outras instituições, vivemos a perspectiva de juntar objetivos comunitários e de desenvolvimento numa expectativa de atender às necessidades mais urgentes das crianças. Hoje, a chamada "era dos direitos" (Bobbio, 1992) alimenta esperanças de igualdade de condições de vida como objetivo prioritário de sua agenda.

Castel (1998) esclarece-nos sobre a importância de repensar o papel do Estado com respeito à mediação dessas questões. Sabemos que as práticas sociais de mediação consistem em um instrumento de exercício de cidadania, uma vez que educam, facilitam e ajudam a produzir diferenças e a tomar decisões. Desenvolver autonomia é uma forma de produzir diferenças (Warat, 2001) e permitir-nos formar identidades culturais que nos dão o sentimento de pertencimento.

Ser cidadão significa ter acesso ao bem-estar social e direitos fundamentais, comuns a todos, ter uma vida digna, com acesso a educação, saúde e participação na vida política do país. Temos, portanto, de construir novas formas de organização em que possamos trabalhar em redes sociais e assim elaborar um projeto coletivo de sociedade que implique novas formas de participação social.

Os movimentos de acesso à justiça aparecem na segunda metade do século XIX nos países chamados centrais. Despontaram vários movimentos jurídico-políticos de defesa dos direitos, instrumentos de transformação social. Na década de 1960, surgem discussões sobre formas estatais e não-estatais de resolução de conflitos, com vistas à ampliação dos canais de acesso à justiça, uma vez que os grupos minoritários (negros e mulheres) queriam efetivar a garantia dos seus novos direitos. Esse movimento de multiplicação de direitos diz respeito ao âmbito dos direitos sociais (Cavalcanti, 1999). Foi necessária a configuração de uma nova complementaridade, co-construída na interação Estado–sociedade civil, a qual desconsidera o conhecimento regulação (estado do saber designado pela ordem disciplinar e corretiva), que pressupõe o controle social e prioriza o conhecimento emancipação (o estado do saber designado pela solidariedade e autoridade partilhada), no qual o saber, o direito e o poder continuam no centro da proposta, mas com outra concepção (Santos, 2001).

Resgatar a cidadania é resgatar o direito de viver. Essa nova concepção traduz o novo paradigma, por reconhecer que todos são sujeitos de direito. A nova condição jurídica confere, então, a todos o direito à cidadania social. Porém sabemos que, ao tornar-se sujeito de sua própria história, a pessoa confirma uma interdependência com sua realidade, ao perceber a necessidade de auto-organizar-se e auto-referenciar-se por meio de seus papéis disponibilizados na ação.

Ao co-construírmos com nossos pares, com as famílias, professores, conselheiros tutelares e agentes sociais uma relação de respeito, compreensão dos valores, aceitação das diferenças e diversidades e desenvolvimento das competências a partir das oportunidades de convivência e interação, abre-se a perspectiva para o desenvolvimento de novas dimensões, como cuidador, multiplicador e educador. Passa-se a lidar com os processos e contextos de transformação e mudança dos sistemas sociais.

Multiplicador é o profissional comprometido consigo mesmo e com o contexto sócio-histórico. Ele:

- é agente social de mudança e trabalha nos processos de prevenção;
- é educador – ser da práxis: ação–reflexão–ação;
- é pólo de promoção e reorganização social;
- cuida e nem sempre é o especialista;
- tem um manejo crítico e criativo do conhecimento;

- trabalha com as dimensões de identidade, inclusão, autonomia, pertencimento, resgate das competências, multiplicação do saber e co-construção;
- busca o diálogo entre o saber científico e o saber popular;
- é considerado um instrumento de intervenção (Marra, 2004).

A dimensão de multiplicador concentra e incorpora as demais dimensões do formador, por ser uma maneira de participação ativa e emancipatória na construção da identidade do sujeito de direito. Essas dimensões transformam-se e constituem a interação.

Cabe a todos favorecer a inclusão social, buscando o desenvolvimento da cidadania e da co-responsabilidade ética, ao otimizar os recursos dos sujeitos e das redes imbricadas nessa construção comum, promover o resgate de sua competência e denunciar as injustiças sociais. A justiça social, então, consiste em "valorizar as outras formas de conhecimento e desmascarar o trabalho em benefício próprio da prática dominante" (Waldegrave, 2001, p. 19).

É necessário tomar a estrutura social em sua complexidade, entendendo seu dinamismo e sua estabilidade como tendências que se contradizem, e considerar, ainda, que a estrutura social, que deve ser modificada, é uma totalidade. Logo, o mundo humano "está sendo", uma vez que se põem em situações dialéticas a mudança e o estático (Freire, 1993). "Estar sendo", para esse autor, implica um movimento que se faz na indivisibilidade da reflexão e da ação da práxis humana, canalizando sempre para a percepção da realidade, numa tarefa fundamental de sermos sujeitos e não objetos dessa transformação, distanciando de soluções de caráter assistencialista.

O compromisso dos atores sociais com a co-construção (processo de educação) não pode ser, no dizer de Freire (1993), um ato passivo, mas uma reflexão sobre a realidade (práxis–ação). Tem de estar inserto na realidade. A função de educador não se limita à escola e sim à tarefa de organizador da sociedade. A educação é também um ato político, sendo entendida como a alavanca da transformação social e política, por ser essencialmente um ato de conhecimento e de conscientização. Ao fazer-se profissional da ação de educar, o educador assume uma dívida com a sociedade e nesse compromisso está a exigência de seu constante aperfeiçoamento e da superação do especialismo, isto é, da posição daquele que comunica um saber relativo a outros que possuem outro saber relativo.

Essas constatações asseguram-nos avançar na construção de metodologias de abordagem e também de intervenção preventiva. A socionomia, por ser uma metodologia de ação (sociodrama), contempla também esses campos legítimos de socialização e participação. É considerada um paradigma que sai da aplicação de programas e da formulação de conceitos puramente instrumentais para a aplicação de estratégias de ação–reflexão–ação e parâmetros da experiência vivida, trazendo uma compreensão simbólica da interação grupal, que possibilita outras visões e considerações da realidade. Uma aplicação partilhada, uma ação de multiplicação (Marra, 2004).

Essa proposta de educação é considerada uma socioterapia e vai além dos limites da prática clínica tradicional, situando sua ação como social e política. Tem seus alicerces no empoderamento e na resiliência dos grupos, que ampliam suas possibilidades existenciais e reforçam as vivências dos desafios, reinserindo o sujeito numa relação intersubjetiva em direção às comunidades.

Referências bibliográficas

BOBBIO, N. *A era dos direitos*. Rio de Janeiro: Campus, 1992.

BRASIL. *Constituição Federal de 1988*. São Paulo: Revista dos Tribunais, 2000.

CAMPELO, M. H. G. *Conselhos tutelares*: espaços públicos de participação e poder na construção da cidadania da criança e do adolescente? Análise da experiência no município de Cuiabá – MT. 2001. Dissertação (Mestrado) – Universidade de Brasília, Brasília, 2001.

CASTEL, R. Que significa estar protegido? *In*: DABAS, E.; NAJMONOVICH, D. (orgs.). *Rede: el lenguaje de los vínculos*. Buenos Aires: Paidós, 1998.

CAVALCANTI, R. B. *Cidadania e acesso à Justiça*: promotorias e justiça da comunidade. São Paulo: Sumaré, 1999.

DEMO, P. *Avaliação qualitativa*: polêmicas do nosso tempo. Campinas: Autores Associados, 1999.

________. *Conhecer e aprender*. Sabedoria dos limites e desafios. Porto Alegre: Artes Médicas, 2000.

ESTATUTO DA CRIANÇA E DO ADOLESCENTE. Lei nº. 8.069/90.

FREIRE, P. *Educação e mudança*. Rio de Janeiro: Paz e Terra, 1993.

MARRA, M. M. *O agente social que transforma*. O sociodrama na organização de grupos. São Paulo: Ágora, 2004.

MARTINS, J. S. *Exclusão social e a nova desigualdade*. São Paulo: Paulus, 1997.

MORENO, J. L. *Quem sobreviverá?* Fundamentos da sociometria, psicoterapia de grupo e sociodrama. Tradução A. R. Faria, D. L. Rodrigues e M. A. Kafuri. Goiânia: Dimensão, 1992. (Trabalho original publicado em 1953.)

________. *Psicodrama*. Tradução A. Cabral. São Paulo: Cultrix, 1972. (Trabalho original publicado em 1946.)

________. *Sociometry, experimental method and the science of society*: an approach to a new political orientation. Nova York: Beacon House, 1951.

SANTOS, B. S. *A crítica da razão indolente*. Contra o desperdício da experiência. São Paulo: Cortez, 2001.

WALDEGRAVE, C. Just therapy com famílias e comunidades. *In*: GRANDESSO, M. A. (org.). *Terapia e justiça social*: respostas éticas a questões de dor em terapia. São Paulo: APTF, 2001. p. 19-35.

WARAT, L. A. *O ofício do mediador*. Florianópolis: Habitus, 2001.

2

O SOCIODRAMA COMO INSTRUMENTO DE INVESTIGAÇÃO DAS REPRESENTAÇÕES SOCIAIS SOBRE A LOUCURA

CRISTIENE GAMA TENÓRIO

A inclusão social de pessoas acometidas por um transtorno mental grave é viável? Muito se fala de respeito ao diferente, de direito à cidadania e da não-exclusão. Será que isso não passa de meras propostas aplaudidas por uns e criticadas por outros? O tema da reforma psiquiátrica no Brasil ocupa um espaço de discussão e esforços de alguns heróis, muitas vezes sem nome, que dedicam parte de sua vida a essa causa. Mas até que ponto, na configuração atual, ela é realmente uma proposta viável?

Por que, apesar de tudo que já foi estudado e feito – como a criação de serviços alternativos ou de leis – para reverter o modelo "hospitalocêntrico", ainda não foi possível mudar a visão e a conduta diante de uma pessoa que em algum momento de sua existência adoece da mente?

Este capítulo aborda a questão das representações sociais sobre a loucura. Que paradigmas, crenças, valores e mitos delineiam a relação da sociedade com as famílias que possuem um membro portador de uma desordem mental? Será que existe espaço no imaginário social para a inclusão desse diferente? Como comprovar essa hipótese e como lidar com ela?

A pesquisa relatada neste capítulo visa contribuir com o processo de expansão da reforma psiquiátrica no Brasil, abrindo trincheiras para uma real (re)inserção social, a fim de que a saúde mental comunitária possa vir a ser uma realidade. A discussão proposta transcende o limite teórico e coloca cada indivíduo diante de seus medos, crenças e valores em relação à loucura. Dessa maneira, confronta-se o planejado com o praticado e promove-se a mudança de visão e comportamento. Não basta implantar uma rede de serviços substitutivos, é preciso que haja uma desconstrução – não só do saber psiquiátrico, mas do modo como as pessoas olham, pensam e se relacionam com quem adoece da mente.

A socionomia surge como a ciência que contém instrumentos capazes de viabilizar essa mudança.

O CAMINHO PERCORRIDO

Nas próximas páginas o leitor encontrará as seguintes etapas:

1) breve história de como a loucura vem sendo tratada ao longo dos tempos;
2) construção do sociodrama;
3) aplicação do sociodrama.

BREVE HISTÓRIA DA LOUCURA

Os primeiros registros do que hoje chamamos comumente de "loucura" foram feitos em papiros no princípio da história ocidental e relatados como uma atitude de respeito ao desconhecido. No entanto, ainda não se usava esse tipo de terminologia. O conceito de loucura surgiu na Grécia Antiga e definia a chamada "doença dos fluidos orgânicos", cujo tratamento variava de atitudes de descaso e abandono (como a conhecida "Nau de loucos", da Idade Média) à criação dos depósitos de marginalizados, as Santas Casas de Misericórdia, por exemplo. Nesses lugares abrigavam-se velhos, ladrões e loucos, com o "incremento" do caráter científico e do poder médico no cuidado aos insanos. Em muitos casos esses locais foram herdados dos leprosos, e por isso mesmo já vinham estigmatizados – já que por séculos a lepra foi considerada o mal da humanidade.

Na seqüência histórica, chega-se à primeira revolução psiquiátrica, protagonizada por Pinel, que propôs a libertação física dos pacientes ditos loucos (eles normalmente ficavam acorrentados) e institucionalizou o tratamento moral (Foucault, 1972, p. 550). A psicanálise institucional é conhecida como a segunda revolução psiquiátrica, que pretendeu melhorar as condições de funcionamento do local ideal de tratamento do louco – o hospital. J. L. Moreno é o idealizador da chamada terceira revolução psiquiátrica, que surgiu entre as duas guerras mundiais e propiciou o surgimento da socionomia, ciência que tem como métodos o psicodrama e o sociodrama, entre outros. Diferentemente do que acontecia anteriormente, Moreno propôs o tratamento do delirante no seu ambiente próprio, no seio da família. Ele agiu assim ao cuidar de Karl e sua esposa no caso Hitler (Moreno, 1983).

Depois desse caso emblemático, os estudos centraram-se na visão sistêmica do homem e na importância da família e das comunidades, em um processo de reversão do modelo de tratamento focado na doença até então adotado.

Passou-se a falar em saúde mental, em criar novos lugares mais humanizados para tratar o agora chamado portador de transtornos mentais. Muitas lutas foram travadas e mudanças instituídas, mas ainda falta um reconhecimento de instrumentos capazes de promover mudança na atitude das pessoas diante do medo da loucura, medo de conviver e de estar junto com o portador de distúrbios mentais. Sem que isso aconteça, não se muda o funcionamento do já estabelecido.

No entanto, apesar de todo estudo e das conquistas da socionomia, a crença de que lugar de louco é no hospício ainda é uma constante. Será que o mito da periculosidade dos que adoecem da mente vai deixar de interferir nas ações desenvolvidas pelos profissionais da saúde mental? Em que medida estamos preparados para a inclusão social do portador de transtorno mental?

O SOCIODRAMA COMO FERRAMENTA DE REINVESTIGAÇÃO DAS REPRESENTAÇÕES SOCIAIS SOBRE A LOUCURA

A socionomia, que tem como um de seus métodos de intervenção o sociodrama, é importantíssima nesse processo de mudança de segunda ordem – quando é preciso interferir na realidade social, que é a resultante da realidade externa somada a uma realidade submersa constituída por uma rede de vínculos, por onde circulam informações que preservam crenças, valores e imagens presentes em determinado grupo e/ou cultura. O trabalho com as redes sociométricas tem sido essencial para que se alcance o fim da reforma psiquiátrica, ou seja, a (re)inclusão social do diferente doravante "excluído" (Tenório, 1998).

O conjunto de informações, crenças, valores e imagens compartilhados por determinado agrupamento social é que determina o comportamento, e essas práticas são a representação social que, segundo Mascovice (2003), é uma expressão da criação coletiva, produto da interação e comunicação que toma forma e configuração específica a qualquer momento. É o estudo de como e por que as pessoas partilham o conhecimento – e, desse modo, constituem sua realidade comum –, e de como elas transformam idéias em prática. Estudando as representações sociais aborda-se o poder das crenças e idéias, como elas circulam, se entrecruzam e cristalizam continuamente por meio de um gesto ou uma palavra no cotidiano.

Corresponde, de um lado, à substância simbólica que entra em sua elaboração e, de outro, à prática específica que produz essa substância. Esse sistema de valores, idéias e práticas tem dupla função: estabelecer uma ordem que permita às pessoas orientar-se em seu mundo, material e social, controlando-o; e possibilitar a comunicação e fornecer códigos para nomear e classificar, sem ambigüidades, os vários aspectos do mundo e da história individual e social.

Aplicação de um sociodrama

O sociodrama foi então a ferramenta escolhida para acessar as representações sociais em relação à loucura, a fim de que pudéssemos buscar respostas para as questões elaboradas nesta proposta.

Nesse contexto, o sociodrama tem, além da função diagnóstica, uma ação didático-terapêutica, uma vez que permite ao grupo olhar para sua condição atual, acolher suas mazelas e necessidades, mudando o ângulo de visão da situação em busca de novas respostas, mais adequadas a seus propósitos e projetos. A partir disso, foi então estruturado um sociodrama com a seguinte pergunta: existe espaço no imaginário social para a inclusão social do portador de transtorno mental? Aplicou-se esse instrumento a diversos grupos de profissionais da rede de saúde mental na cidade de Recife, seguindo estas etapas:

- aquecimento inespecífico – relaxamento e técnica do videoteipe com escuta da história;

- aquecimento específico – escolha da personagem e do diálogo interno;
- retramatização – dramatização das histórias co-criadas;
- partilha e comentários.

A retramatização, parafraseando e homenageando Arnaldo Liberman, seu criador, é uma ferramenta para trabalhar com sociodrama que visa proteger as pessoas, para que seus temas possam vir à tona sem que se identifique quem os trouxe. A partir dos pensamentos e sentimentos individuais escritos (linhas e tramas), passa-se pela criação grupal de um texto sociodramático (retramas) e utilizam-se os recursos teatrais e dramáticos (ação dramática), com o objetivo de gerar uma vivência profunda e um questionamento das relações interpessoais, intergrupais e das ideologias coletivas, conforme sugeriu Moreno.

A retramatização propõe uma nova visão da história, um novo olhar, posicionamento e movimento diante dela, recriando a vida e as trajetórias.

Para a primeira etapa foi criada uma história que tomou como base o levantamento histórico realizado no começo do trabalho, quando se traçou a trajetória percorrida pela personagem "louco" ao longo dos tempos:

> Era uma vez um tempo misterioso, quando todos desejavam compreender estranhos fenômenos da natureza, pessoas que experimentavam sensações diferentes, estados alterados de consciência, ouviam vozes, viam coisas, não tinham limites, faziam o que lhes vinha à cabeça. Às vezes, pareciam muito livres, viviam soltos... Seriam bruxos ou deuses? Seus comportamentos, sempre estranhos, deixavam alguns admirados, outros assustados, mas todos os respeitavam.

O tempo passa e surgem uns estudiosos, chamados cientistas, que começaram a estudar o jeito estranho desses seres e concluíram que eles eram doentes. Algo de anormal ocorria nas suas mentes – a loucura. Talvez, quem sabe, pudessem ser tratados. Nesse tempo, alguns deles viviam nos campos, correndo de um lado para outro; às vezes, com fome, sem ter comida, às vezes, felizes, soltos ao léu.

Então chegamos à Idade Média. As idéias da ciência foram abandonadas e o personagem da nossa história passou a ser considerado bruxo, sendo queimado na fogueira. Outras vezes, foi levado para uma viagem sem volta, no mar, como carga insana. Todos passaram a ter medo dele. Acreditava-se que tinha pacto com o diabo. Era mau, assustador, perigoso e ameaçava a paz social. Aquilo tudo era muito vergonhoso, um pecado. Deus, com certeza, o havia condenado. A sociedade precisaria tomar uma atitude e, em nome da ordem e do bem, ele foi aprisionado em casas chamadas de asilos, junto com indigentes, ladrões e velhos. Aí ele ficou durante longos anos.

Estamos agora na Idade Moderna e mais uma vez os cientistas voltaram à cena. Pensam que talvez aqueles fenômenos esquisitos que atacavam algumas pessoas fossem uma doença, talvez elas fossem doentes e merecessem ser tratadas. Surgiram os hospitais para loucos.

Depois vieram os médicos que os estudaram e classificaram os tipos de doença e nada mais. Muitas vezes os loucos ficavam agressivos e eram presos; às vezes, passavam anos acorrentados. Outras vezes, sujos, rasgados e maltrapilhos, eram expostos engaiolados, como se fossem bichos para divertir as pessoas.

Então apareceram umas pessoas com umas idéias "iluministas" de liberdade e igualdade, que resolveram soltar as correntes que prendiam os pés dos loucos, mas ainda os mantinham presos atrás dos muros dos hospitais. Muitos anos aí passaram e ninguém mais os via, nem sua família. Ficavam lá até a morte e era esse o tratamento que recebiam.

Anos mais tarde, descobriram-se remédios que ajudaram a muitos. Quando eles eram bem tratados, não ficavam mais esquisitos, podiam até morar com a família, mas ela não os reconhecia mais. Nesse tempo, estava tendo uma grande guerra em todo o mundo, muita gente ficava doente da mente e os hospitais não tinham mais vagas. Então, as autoridades no assunto se preocuparam em desocupar o espaço e começaram a falar em reformas. Queriam que eles voltassem a morar em casa, com a família.

Começou uma grande confusão: muita gente pensando em solucionar esse problema, várias tentativas, leis e propostas, mas ninguém falava com eles. Acho que tinham medo, não os reconheciam mais. Surgiu uma discussão; alguns declararam: "Precisamos trazê-los de volta à convivência social. Eles precisam ser reconhecidos como cidadãos". Mas quase ninguém escutava essa proposta.

Com o tempo, o governo, com seus gestores e profissionais de saúde, mostrou-se interessado pela proposta de transferir o tratamento dos hospitais para lugares abertos – os CAPs –, mas até mesmo os técnicos pareciam não estar preparados para tal convivência. Enquanto isso, os ditos loucos continuaram excluídos, sofrendo, sem ser compreendidos e sem identidade.

Quase ninguém tem coragem de olhar verdadeiramente para eles! Você estaria preparado agora para fazer isso? No cenário onde você está encontram-se também outros personagens: os familiares, os vizinhos e às pessoas da comunidade, os profissionais de saúde e alguns gestores. De qual deles você se sente mais próximo? Escolha um e aproxime-se dele.

Então, após esse aquecimento, a diretora convida o grupo a aproximar-se dessas personagens, cada um escolhendo aquela com que mais se identifica para jogar seu papel. Inicia-se um diálogo interno com essa personagem, a fim de aproximar-se de seu cotidiano, com atenção para os sentimentos e sensações que ela experimenta.

Nesse momento o grupo é convidado a abrir os olhos e escrever uma frase, lembrança ou sensação que identifique seu ser nesse instante. A partir desse conteúdo, inicia-se uma retramatização que culmina com a criação de histórias que retratam a visão do grupo sobre a loucura.

A dramatização das histórias demonstra o despreparo das pessoas em lidar com as situações em que surgem os fenômenos psicopatológicos, o medo que imobiliza e as atitudes de negação.

Esse sociodrama foi realizado com diferentes grupos de profissionais de saúde na cidade do Recife, e os resultados revelaram que ainda não existe espaço no imaginário social para a convivência com a loucura e, conseqüentemente, para a reinserção do portador de transtorno mental.

Conclusão

Cada participante da vivência pôde confrontar-se com a própria loucura como cisão do "eu" que pensa estar fazendo o que na realidade não está. Esse confronto foi didático-terapêutico e promoveu um longo debate que culminou com a criação de um projeto de intervenção dos técnicos com seus clientes, a comunidade em torno das unidades do Programa Saúde da Família em que trabalham, denominadas por eles "Projeto construindo redes de apoio à saúde mental comunitária". Hoje essa proposta cresceu e dá sustentação ao Programa Saúde Mental nas Comunidades, que aborda a reorganização das redes comunitárias com a criação de redes em prol da saúde, a identificação e o apoio a famílias em situação de vulnerabilidade psicossocial (que possuem membros portadores de transtornos mentais), além do apoio e cuidado com o profissional que lida com as graves situações cotidianas das comunidades carentes em que trabalham. E é dessa forma que acreditamos estar contribuindo com a mudança de atitude diante da loucura e promovendo a reinserção social de indivíduos antes excluídos.

No entanto, a existência de espaço no imaginário social para a inclusão do portador de transtorno mental ainda é apenas uma hipótese, e o despreparo e o preconceito das pessoas ao lidar com o fenômeno da loucura são uma realidade. Os próprios participantes perceberam isso, ao expressarem as ressonâncias que cenas provocaram com falas do tipo "fiquei imobilizado", "senti muito medo", "tive vontade de não ver, dar as costas e ir embora", "isso tudo é muito triste, não sei o que fazer". E com atitudes de ausência de qualquer representante das equipes de saúde entre as personagens nas cenas dramatizadas.

Revelou-se que, nas situações cotidianas, as famílias recorrem aos representantes de religiões e não aos profissionais de saúde. Uma pergunta nos veio à mente: será que os profissionais de saúde, especialmente nas comunidades, habitam outro mundo? Será que eles, a exemplo do que se vivenciou nesse sociodrama, estão dando as costas para essas questões de saúde mental? Seria por preconceito, medo, desconhecimento? O que os gestores podem fazer para favorecer essa aproximação?

Durante a fase de aquecimento, a maioria dos participantes escolheu jogar o papel de técnico ou gestor de saúde mental. No entanto, durante a dramatização, essa personagem não apareceu, isto é, nas situações de emergência em saúde mental, as famílias não se lembraram deles, o que confirma a distância existente entre o planejado e o executado até pelos próprios participantes do grupo. Com isso, foi possível aproximar técnicos e gestores no mesmo drama existencial.

Uma queixa que se repetiu nos vários grupos foi a de haver pouco tempo para realizar o trabalho – que durou duas horas. De que tempo está-se falando? Essa reclamação pode, também, estar associada à idéia de ter tudo sob controle, arrumado, lógico, bem como referir-se ao pouco tempo de investimento na mudança paradigmática necessária para que se possa alcançar uma nova visão sobre a loucura e um novo papel para seu portador.

Os fenômenos psicopatológicos são abruptos e rompem com as formas preestabelecidas, assim põem a sociedade e os grupos em contato com o inesperado, o novo, demandando deles respostas adequadas. Para lidar melhor com isso, é necessário que as pessoas resgatem seu potencial espontâneo, criador, sendo o sociodrama o instrumento.

Também foi comum o relato de sentimentos de impotência, incompetência, sofrimento, dor, rejeição, tristeza, dentre outros da mesma espécie. As atitudes mais freqüentes foram de "evitação", negação do problema e retraimento. Uma mudança na conduta desses profissionais envolve a necessidade de aceitação da própria dor, dos limites e das fragilidades.

Algumas estratégias precisam ser utilizadas para que a reforma psiquiátrica torne-se uma realidade nacional. O sociodrama pode ser útil no processo de verificação das representações sociais que regem o comportamento de um grupo e na indicação das necessidades para essa mudança.

O profissional de saúde precisa ser treinado em espontaneidade-criatividade a fim de adequar seu papel à demanda da instituição. Os gestores de saúde e os políticos são responsáveis pelo processo de mudança, que não se faz apenas com leis e projetos. É necessário mudar crenças, mitos e paradigmas atuais e essas mudanças também são um compromisso com a saúde.

Referências bibliográficas

DABAS E. N. *Red de redes*: las prácticas de la intervención en redes sociales. Buenos Aires: Paidós, 1993.

FOUCAULT, Michel. *História da loucura na idade clássica*. São Paulo: Perspectiva, 1972.

MASCOVICE, Serge. *Representatividade social* – investigações em psicologia social. São Paulo: Vozes, 2003.

MEDEIROS, Tácito Augusto. *Uma história da psiquiatria no Brasil* – duzentos anos de psiquiatria. Rio de Janeiro: UFRJ Editora, 1997.

MORENO, Jacob Levi. *As palavras do pai*. Campinas: Psy, 1971.

_______. *Fundamentos de psicodrama*. 2. ed. São Paulo: Summus, 1983.

_______. *Fundamentos de la sociometria*. Buenos Aires: Paidós, 1972.

_______. *Psicodrama*. 2. ed. São Paulo: Cultrix, 1978.

_______. *Psicoterapia de grupo e psicodrama*. São Paulo: Mestre Jou, 1959.

SLUZKI, Carlos E. *A rede social na prática sistêmica*. São Paulo: Casa do Psicólogo, 1997.

TENÓRIO, Cristiene. *O psicodrama como instrumento na reinserção social do portador de transtorno mental*. Monografia apresentada para obtenção do título de Psicodramatista à Febrap, 1998.

3

Trabalhando com famílias sociais em abrigo

ANTONIA LUCIA RIBEIRO FREITAS

Há muitos estilos de vida.
Há muito mais estilos do que os
que tu conheces. O jeito de
viver do teu vizinho é tão mau
ou tão bom quanto o teu...
(Moreno, 1992, p. 117)

Um pouco de história

Os programas sociais de proteção são inspirados nas famílias que, na busca de sobrevivência, criam estratégias iniciadas em contextos de exclusão. Crianças/adolescentes abandonados e carentes ainda vivem no chamado processo de triangulação: casa–rua–instituição. Nesse processo os vínculos familiares perdem o seu significado pelo deslocamento de suas raízes: a família e a comunidade.

Uma das formas de inclusão para essa população infanto-juvenil é colocá-la em abrigos, onde os pais sociais substituem, ou pelo menos tentam substituir, seus pais biológicos, com medidas de proteção e socioeducativas indicadas pelo Estatuto da Criança e do Adolescente (ECA). As entidades não-governamentais prestadoras de atendimento começaram a se articular para se somar ao processo que se iniciava.

Os movimentos sociais foram mobilizados e obstinados para que ocorresse a transformação social e jurídica, surgindo, então, na Carta Magna nacional, o extraordinário princípio da prioridade absoluta e integral aos direitos da criança e do adolescente. "Um dever da família, da sociedade e do Estado" (art. 227, *caput*, da Constituição Federal).

Em 1987 promulgou-se a Lei n. 7.644, que dispõe sobre a regulamentação das atividades de mãe social. Instituiu-se em 1990 a lei clara e explícita: "o atendimento deve ser realizado de forma personalizada, em pequenas unidades e pequenos grupos, privilegiando-se as ações descentralizadas e municipalizadas" (art. 92-ECA).

Em Brasília, logo após sua inauguração (1964) e duas décadas antes dos programas sociais, criou-se uma instituição de caráter assistencial e religioso, composta de dez casas-lares, com o objetivo de acolher as crianças que estavam com seus direitos básicos violados ou ameaçados, dando-lhes atenção integral. Após alguns anos foram firmados convênios com o governo do Distrito Federal para o atendimento de alguns programas específicos.

Relataremos uma experiência realizada em um abrigo de crianças em Brasília, onde desenvolvemos um trabalho de voluntariado. Realizamos encontros com as famílias biológicas e sociais, quando utilizamos técnicas de dinâmica de grupo, sociodramas, momentos conversacionais. Depois passamos para um trabalho só com os pais sociais, num treinamento de seus papéis. Nosso referencial teórico foram o pensamento sistêmico, amplamente utilizado na terapia familiar, e o psicodrama como método grupal vivencial com suporte de técnicas em que a ação, no contexto dos grupos, nos oferece excelentes condições para compreender as relações, assim como para aprender papéis.

Ao percebermos que as famílias biológicas e sociais do abrigado precisavam abrir espaço para rever as dificuldades que permeiam seus inter-relacionamentos, perguntamo-nos: como fazer? Como responder a tantas questões? Como levar essas pessoas a perceber que existe outra forma de pensar, perceber, sentir e agir diante das dificuldades? Como desconstruir tantos conceitos arcaicos que nos fazem tanto mal, nos fazem sofrer, sem perder a visão científica que os envolvem?

Já sabíamos que as pessoas trazem dentro de si vários conhecimentos, várias realidades diferentes. Então era só acreditar que, se quiséssemos aprender juntos, teríamos de promover encontros, estar abertos a compartilhar todas essas realidades. Aí então descobriríamos juntos *como fazer* uma (re)construção diante do que se considera inadequado nas interações sociais. Na visão de Moreno (1977), a possibilidade de ajustamento a si mesmas e ao mundo que as circunda leva as pessoas a se tornar mais saudáveis em seu contexto, quando são capazes de desenvolver a espontaneidade e a criatividade nas relações.

As interconexões relacionáveis num abrigo são extremamente complexas, e a forma como os pais sociais lidam com as normas da instituição, das escolas e do ECA em muitas ocasiões nos revela uma paralisação das conservas culturais adquiridas ao longo das respectivas histórias.

Conexões teóricas

A abordagem sistêmica nos fala da importância do contexto, quando do atendimento de família. Todos nós fazemos diariamente trocas com vários outros sistemas que nos circundam (familiar, social, cultural, ambiental, entre outros), logo influenciamos e somos influenciados por todos eles.

Os abrigos deveriam ser um lar transitório onde as crianças/adolescentes passariam poucos meses e depois poderiam ser encaminhados para famílias substitutas da própria comunidade. No entanto, não é isso que acontece. Eles passam a ser uma casa-institucionalizada, sendo necessário que a comunidade se organize para atender, apoiar e orientar tanto jovens abrigados como as famílias sociais que ali residem para "cuidar" deles (Marin, 1991).

Assim, as famílias que moram num abrigo constroem suas histórias relacionais circulando pela complexa rede de outros sistemas ali existentes.

Nessa visão, a necessidade de alterar tal quadro exige mudanças profundas no próprio modelo de atenção institucionalizada. Essas mudanças podem traduzir-se na implementação e no funcionamento efetivo de uma rede de atendimentos sistêmica.

Dentre esses, ressaltamos os serviços de promoção à família, por acreditarmos que nela reside a força geradora de transformações e responsabilização partilhada, num vir a ser mais saudável, podendo oferecer às crianças/adolescentes um ambiente favorável ao seu desenvolvimento.

Nossa preocupação sempre foi a de que os pais sociais e os abrigados pudessem desenvolver suas autonomias e se colocar como co-responsáveis em todo o processo relacional que os envolve no abrigo, deixando a espontaneidade e criatividade fluir, numa parceria de (re)construção em seus papéis, como se se (re)educassem ao substituírem a visão do assistencialismo – "vocês fazem", "vocês podem dar" – por uma postura de cidadão co-responsável dentro do contexto em que vivem.

Desde o início de seus estudos, Moreno (1959) preocupou-se com o social, com relações, e de certa forma ele antecedeu à teoria sistêmica, pois em 1939 já atendia casais e famílias, preocupado com as suas relações e conseqüentemente com a saúde. Ele acreditava que os vários métodos utilizados na psicoterapia de grupo eram eficazes para as famílias, pela proximidade do ponto de vista psicológico e social em que as pessoas se encontravam. Dessa forma, poderia surgir uma compreensão maior nessas relações interpessoais, pela clareza sobre os diversos papéis que desempenhamos e pela contextualização do momento vivido.

A visão socionômica, por sua filosofia e metodologia, fundamenta-se na interação, pelo princípio da espontaneidade criadora. Segundo nos fala Moreno (1959, p. 33): a "Sociatria é a ciência do tratamento dos sistemas sociais [...]". E utiliza como métodos a psicoterapia de grupo, o psicodrama e o sociodrama, demonstrando-nos que sua proposta de trabalhar com grupo, levando a ação para seu próprio contexto, já tinha naquela época uma visão sistêmica das relações.

Ao utilizarmos o *sociodrama*, estamos privilegiando um método de educação grupal, elaborado por Moreno em 1921, no qual o grupo concretiza o próprio aprendizado, por técnicas do teatro, da sociologia e da psicologia, criando respostas espontâneo-criativas ao que se vivencia. Esse método é utilizado em grupos sociais, instituições, comunidades, visando definir responsabilidades e disponibilidades, abrindo novas formas para uma reorganização afetiva, pedagógica, estrutural do grupo (Almeida, 1999).

Na perspectiva sistêmica, o funcionamento da família é explicado como responsabilização compartilhada que surge a partir dos padrões que desencadeiam e mantêm as ações de cada um de seus membros ou grupos.

Michel White e David Epston (1993), dentro dessa abordagem, propõem a construção de novas narrativas da realidade apreendida. Eles apresentam um novo enfoque, que é a linguagem e a ressignificação dos fatos, ao propor que é no grupo familiar que estão o sistema de apoio e a vida do problema, ou seja, nesse conjunto estão as respostas e as soluções.

Ao refletirmos sobre a visão do ser humano integral, com todas as suas necessidades, temos presente em nós a dialética das contradições – certo/errado, sim/não, lícito/ilícito –, propulsora da criticidade, mostrando-nos que, ao desenvolvermos o senso crítico, estamos mais aptos a utilizar o livre-arbítrio da autonomia e da liberdade, respeitando as diferenças e procurando levar o entendimento saudável que é necessário à conquista da convivência.

Minuchin (1982, p. 129) esclarece que:

> [...] observações da família total ajudam a identificar as diversas maneiras pelas quais diferentes membros da família participam na manutenção dos padrões transacionais disfuncionais.

Ao passarmos para esse nível de compreensão, certamente teremos condições de transformar algumas das narrativas que mantêm esses padrões.

Para Watzlawick (1981, p. 42):

> [...] o que vivemos e experimentamos, o que conhecemos e chegamos a conhecer, está necessariamente construído com nossos próprios materiais e só é explicável pela maneira e pela forma de construir [...].

Ele focaliza então a importância de considerar o ambiente, a realidade de cada um no processo educativo. Por outro lado, se observarmos que essas vivências passam pela comunicação nos seus níveis de significados, veremos que os padrões tornam-se muito importantes no contexto em que nos encontramos, porque determinarão a qualidade de nossa vida.

O psicodrama e o construtivismo enfatizam que a construção do indivíduo se faz no relacionamento social. Logo, ao estarmos juntos nesses grupos, revivendo os contextos familiar, moral, educacional e social, oferecendo a eles uma forma mais lúdica de intervenções, estamos contribuindo para mudanças nos padrões comportamentais, (re)significando os laços familiares biológicos e sociais, numa convivência temporária, que é o abrigo.

O ABRIGO

Existem vários tipos de abrigo, cada um dotado de características e especificidades. É uma alternativa de moradia provisória dentro de um clima residencial, que proporciona às crianças/adolescentes a oportunidade de participar da vida da comunidade.

A instituição em estudo tem finalidade assistencial, sem fins lucrativos. Tem como objetivo assegurar atendimento às crianças e aos adolescentes privados do apoio e da orientação dos pais ou responsáveis, seja por morte, abandono, vulnerabilidade da família ou impossibilidade circunstancial dela. A clientela é formada por crianças e adolescentes de 2 a 18 anos, tolerando-se a permanência até os 21 anos, se a situação do abrigado assim exigir. O regime é de abrigo (até 70 crianças e adolescentes), em casas-lares, sob a responsabilidade de pais sociais oriundos da classe socioeconômica baixa. Existe também apoio socioeducativo em meio aberto (até 70 crianças), creche e educação pré-escolar, atendendo crianças de 2 a 6 anos, em complemento à ação da família, oferecendo condições para que os pais possam trabalhar fora de casa.

Embora preceda a lei, essa instituição não deixou de vivenciar os desafios maiores, que são a transitoriedade das crianças e dos pais sociais, a convivência familiar e comunitária, a permanência que, às vezes, dura anos e anos, levando a criança/adolescente a ser institucionalizado.

Pode-se perceber quão importante é o abrigo contar com o trabalho de voluntários. Os aspectos multidisciplinares, formadores de uma rede de atendimentos personalizados, utilizam-se também dos diversos serviços dos órgãos públicos. Esse trabalho, no entanto, não pode deixar de estar articulado com a Vara da Infância e a Secretaria da Ação Social, num contínuo empenho por se restabelecer para essa população a possibilidade da vida familiar e da construção de seu projeto de vida.

Quem somos e como fizemos

Os encontros foram desenvolvidos a partir de uma metodologia vivencial que objetivou novas alternativas para as relações familiares e sociais, expandindo o seu significado. Procuramos articular os métodos da teoria psicodramática com os da sistêmica, numa proposta da ação–reflexão–ação, compreendendo o sistema como uma rede de inter-relações, em que se inserem os abrigados, as mães sociais e os complexos sistemas familiares.

O grupo era bastante heterogêneo quanto à idade. Jovens a partir de 12 anos, adultos-jovens, de meia-idade e idosos. Quanto ao nível de instrução, era de 1º, 2º e 3º graus. Diferiam também nos níveis cultural, financeiro e econômico, mas nem por isso eles deixaram de apresentar múltiplas possibilidades de crescimento.

Temos observado que é possível desconstruir mitos, crenças, pensamentos, sentimentos, preconceitos, para (re)construir novas respostas aliadas às inúmeras dificuldades que todos vivenciam dentro da instituição, ampliando essas realidades na busca de novas aprendizagens. Essa experiência foi possível porque houve uma (co-)construção com esses jovens e pais sociais. Temos procurado estreitar os laços, unindo educadores e educandos na convivência e no enfrentamento das dificuldades e buscando transformar o erro em oportunidade, ao (re)escrever suas histórias com saídas criativas para velhos problemas.

Nos encontros com os jovens abrigados e os pais, utilizamos o sociodrama como método de intervenção, de ação, pelo qual os jovens podiam expressar seus saberes de forma lúdica, expandir e compreender as interfaces dos vários papéis e (re)conhecer suas limitações, ou seja, aprender fazendo. Nas dramatizações o grupo se expressou com seus conhecimentos, com suas emoções e com o sensoriomotor, refletindo uma multiplicidade de inter-relações.

O sociodrama, por ser um método vivencial de troca de experiências, além do envolvimento emocional e afetivo entre os participantes, permite assimilar novos conhecimentos. Observamos, portanto, que a família é realmente uma célula experimental forjada em valores, que vai preparando as pessoas para uma convivência salutar ou não no organismo social.

Em determinado momento, vários jovens do abrigo foram desligados. Ou porque atingiram a maioridade, prevista no Estatuto da Casa, ou porque se reintegraram à família.

Assim, continuamos os encontros somente com os pais sociais, que traziam suas queixas, e procurávamos construir com eles dramatizações em que a maioria deles (respeitando seus desejos de participar) entrava e trocava de papéis, compreendendo, muitas vezes, como suas vivências se misturavam às dos abrigados.

Quando as dramatizações usavam a técnica de inversão de papéis, proporcionavam ao grupo ampliar sua visão (por exemplo: confronto com um adolescente) sobre os efeitos benéficos daquela mãe no papel de filha. No momento do compartilhar, surgiam compreensões construtivas, permitindo novas perspectivas. Quando a queixa do grupo era um comportamento tido como agressivo, perguntávamos que significado viam naquele comportamento. Essas perguntas objetivavam identificar o problema, como também explorar os papéis de cada um na sua casa-lar e determinar as inúmeras influências de suas famílias de origem.

O enfoque quase exclusivo no sistema de abrigo pareceu ajudá-los a compreender como o sistema familiar contribuía para as definições administrativas do próprio sistema como um todo. Muitas vezes, em encontros como esses, ocorriam novas experiências, proporcionando assim outras oportunidades para que desenvolvêssemos uma nova perspectiva e, assim, novas formas de nos relacionarmos.

Essa mudança do *locus* da terapia e do poder do médico ou do psicólogo demonstrou que os valores terapêuticos estão dispersos nos grupos. O sujeito e o agente de cura mudaram. Qualquer um de nós pode sê-lo, dependendo do contexto em que nos encontramos e da proposta que desejamos desenvolver. Vemos, assim, que em nossas relações temos muito a desfazer; deixando a postura daquele que sabe para a de um co-participante, somos um facilitador na reconstrução de caminhos, reencontrando a saúde, a liberdade e, conseqüentemente, a felicidade.

Balieiro (1994, p. 110), discorrendo sobre o assunto, afirma:

> [...] Os fatos ocorridos no organismo, numa abordagem sistêmica, têm que ser interpretados de forma integrativa, ampla, transcendendo sempre os limites da observação ingênua e imediatista.

Assim, a cada encontro fomos observando que esses nos proporcionavam inúmeras possibilidades de outros conhecimentos, aprimoramentos, descobertas interiores, e nos sensibilizamos, semanalmente, para o desenvolvimento de uma nova compreensão da funcionalidade das relações em um abrigo.

Então nesse (contexto dramático) espaço do "como se", o grupo muitas vezes realizou um treinamento antes de se colocar no real papel que a interação lhe solicitava. Logo foi facilmente detectado como eram capazes de ampliar os aprendizados com novas atitudes, (re)valorando suas verdades. É interessante ressaltar que, no compartilhar, o protagonista cedeu seu lugar de figurante central ao grupo, que se colocou naquela ação e mostrou-se espontâneo no desempenho de seu papel social.

Essa metodologia está centrada no bem-estar das pessoas, permitindo a elas realizar-se e exercitar mais amplamente suas capacidades e habilidades. Dessa forma, acreditamos que elas possam tornar-se o próprio agente participativo no processo de vida. Esse enfoque levou-nos, então, a uma visão integral da aprendizagem como processo, evitando a compartimentalização do ser humano em níveis estanques.

Durante esses anos, outro tema recorrente foi a importância do "vizinho" na instituição e, ao mesmo tempo, a grande dificuldade de ele ser "aceito" e diferente no papel de pais sociais. A perspectiva da construção de identidade social é, como nos fala Sarti (2003, p. 115):

> [...] o vizinho é muito mais do que alguém que mora ao lado, porque ele continua presente como "sucursal da casa". Assim ele age como um espelho, servindo de parâmetro.

Nesses momentos, o que buscávamos no grupo era a atitude de um novo olhar para essas interações entre as famílias da comunidade e o abrigo onde conviviam, para que pudessem transpor o que havia sido trabalhado no grupo para suas vivências diárias.

O grupo propiciava negociações em situações de conflito, aliviando o sofrimento e promovendo mudanças de comportamento nas relações, ao possibilitar várias interconexões entre as diferentes dimensões do abrigo.

Reflexões

O mundo, nesse início de século, passa por uma transição paradigmática em que tudo é questionado, gerando novos olhares sobre as inter-relações, portanto sobre o homem, sua comunidade e suas redes. Dentro dessa visão, o abrigo foi um *setting* socioeducacional e terapêutico que nos permitiu realizar práticas sociais, transformar contextos, assumir responsabilidades, propiciar uma aproximação entre o Estado e a sociedade na qual se inserem essas famílias sociais.

A partir de reflexões sobre as conexões dos sistemas sociais, seus significados e de como estes são geradores de novos significados para suas interações, no contexto do abrigo tivemos novas compreensões e vimos como esses sistemas se relacionavam: como uma prática que oferece às famílias biológicas e sociais uma oportunidade de (re)construção de novas realidades daquilo que é possível realizar no contexto em que conviviam.

Nossa experiência inspira-nos a afirmar que atingimos um universo maior do que esse em que atuamos, pois cada um dos jovens, ao passar o final de semana com seus pais, às vezes com outros irmãos, parentes, nas suas cidades-satélites de origem (que integram o Distrito Federal), levava consigo um jeito diferente de lidar com as relações familiares. Isso porque, no processo educativo que estamos construindo, proporcionamos às famílias das crianças abrigadas na casa momentos de reflexão sobre todos os conteúdos que elas têm internalizado ao longo desse tempo.

As vivências aqui utilizadas possibilitaram uma educação que acredita no conhecimento inerente ao ser humano, situa-o em seu contexto, facultando aos participantes novas aprendizagens diante de problemas. Compreendemos também que é o medo de viver que em muitas ocasiões os paralisa. É um impedimento para a busca de novas respostas. Essa é uma proposta educativa, sistêmica e sociodramática. É uma forma de estar na comunidade, compreendendo-a na sua realidade e (re)elaborando outras mais adequadas, dentro do contexto social onde as pessoas residem.

O caminho dessa construção possibilitou a compreensão das relações interpessoais em seus diferentes papéis como ferramenta essencial no conjunto (a instituição) de todo o funcionamento do grupo que ali convive. Essas observações referendam o que Moreno (1937) enfatizou como "põe a psique em ação". Ao considerar que o homem é um ser em relação, com capacidade de se perceber e ao outro com amplitude e profundidade, o ser em relação faz, intervém, se coloca na (re)construção de sua história ao lado daqueles que são seus pares, dentro do contexto que se escolheu (con)viver.

Ao tomar consciência do momento vivido no aqui e agora, o grupo ampliava seus saberes, (re)aprendendo a valorizar as experiências dos colegas, quer mais novos ou mais velhos, quer de culturas diversas, numa atitude de confirmação e validação do perceber, pensar, sentir e agir nas diferentes respostas do cotidiano de cada um, referendando a circularidade da vida.

A maneira como acontece a mudança de perspectiva pode ser ilustrada com os relatos a seguir:

> [...] "ter metas e atingir", "saber conviver com as dificuldades familiares", "fui em casa e falei com minha mãe coisas que aprendi aqui", "melhorei meu relacionamento com o meu esposo(a), filho(a), mãe(pai) compreendendo-os de uma forma melhor", "ensinei para meu vizinho o que aprendi aqui sobre sexo, drogas, aborto, AIDS", "não falo mais certas coisas para meus filhos, depois que aprendi aqui sobre o momento deles e o meu", "a responsabilidade no sexo, enquanto casal", "hoje aprendi a não fugir dos conflitos", "hoje lá em casa todos têm direitos e deveres claros" [...].

Esses relatos nos levam a entrar em contato com um sistema mais amplo dentro do qual os novos comportamentos estavam atuando.

Essas narrativas nos revelaram um texto significativo, com respostas bastante consistentes, claras, que avaliavam seus relacionamentos e mostravam-nos como as pessoas estavam (re)criando um novo modo de relacionar-se e compartilhar seus novos saberes.

Em nosso trabalho não houve regras rígidas e rápidas. Não existiram certezas. Estávamos em busca e experienciando. Isso porque temos visto que é muito difícil compreender as inúmeras variáveis internas e externas que influenciam as relações familiares, principalmente nesse contexto – abrigo. Assim, não houve controles nem poderá haver previsões.

Com quem e onde está a verdade? Aqui, ali, acolá, com esse ou aquele, não sabemos. Ela permeia todos nós. Flui em todos os contextos, reflui dentro do jovem, do adulto e do idoso, porque é a convivência que nos importa nesta grande construção da vida.

Nosso olhar também nos levou a constatar a dimensão dessas interações quando Moreno (1977) afirma que nossos comportamentos e hábitos utilizam o corpo, colocando-nos no processo de aprendizagem e de comunicação, quando os distintos membros ampliam suas reflexões num contexto mais flexível e seus pares buscam práticas capazes de amenizar possibilidades em diversas óticas geradoras pelos distintos membros e por quem trabalha com eles.

Estamos cônscios de que esse trabalho é um processo educativo e como tal não tem de nos dar respostas rápidas. As mudanças são demoradas, constituindo uma transição necessária para assegurar nossa relação com os novos procedimentos e com nosso próprio senso em identificá-los e correlacioná-los. Isso acontece em cada encontro, quando podemos reavaliá-los e repensar os objetivos propostos, ampliando assim nosso sentido para essa (re)construção.

E será que a relação, a formação de identidade social num abrigo, se diferencia tanto do que acontece em nossas quadras, ruas e bairros? Muitas e muitas vezes, no consultório, no momento do compartilhar, as reflexões nos remontavam a esses questionamentos. O que observamos como diferencial foi a dificuldade de trabalhar e morar no abrigo, ficando emaranhados nos papéis profissional, familiar e social e estreitando os laços com toda a rede hierárquica dessa comunidade, em que a empatia por um é demonstrada com mais afeto, revelando uma construção natural de sua sociometria (Moreno, 1937). No entanto, essas escolhas angustiavam outros membros da comunidade, pois, percebendo-se excluídos daquele grupo naquela atividade, entrelaçavam-se emoções num sofrimento de busca do pertencer, de serem aceitos, legitimados, de emergirem sem depender da rede que os sustenta.

Portanto, todos nós que atuamos com as populações de baixa renda em seus vários contextos temos, com essa metodologia, um bom suporte (por ela estar centrada no bem-estar das pessoas) que permite às pessoas realizar-se e exercitar mais amplamente suas capacidades e habilidades. Dessa forma, acreditamos que elas possam se tornar o próprio agente participativo em seu processo de vida. Como Watzlawick (1981) propõe-nos: "[...] somos responsáveis não só por nossos sonhos, mas também pela realidade que engendra nossos pensamentos e nossas esperanças".

A prática num contexto social nos deixa perplexos com a capacidade dos grupos de encontrar saídas para as dificuldades vivenciadas, imbricadas na miserabilidade da vida de cada um. Suas posturas, seus olhares são capazes de transformar a dor, as diferenças, as incertezas e os imprevistos em respostas criativas, reconhecendo que um novo modo de fazer traz para si e para o grupo resoluções que os aproximam e influenciam suas contribuições para práticas sociais.

Outro olhar tem sido o que o construcionismo social busca nessa relação, que é a não-permissão da visão linear na construção do conhecimento científico e popular orientando as ações entre o homem e suas relações sociais (Santos, 2000).

Assim, podemos perceber que na essência é o próprio homem que faz sua história. Somos autores de nós mesmos, criadores do ser e do fazer. E é dessa forma que a proposta sociodramática para o nosso contexto de trabalho foi incorporada – por tão bem se adequar às vivências da vida real daquelas pessoas e por (co-)construirmos com as famílias uma realidade nova, diferente e transformadora, conforme Watzlawick (1981, p. 33): "[...] a verdade humana é o que o homem chega a conhecer ao construir, formulando-o por suas ações".

Co-construções...

Tudo o que existe no cotidiano pertence à natureza das construções humanas, que não reproduzem apenas um "faz-de-conta", mas uma totalidade social, e foi isso que observamos nesses grupos. Eles foram incorporando a vivência (refletindo) e internalizando as descobertas que se reestruturavam no âmbito afetivo-emocional-cognitivo e social, e integravam predominantemente elementos do seu contexto.

Fomos (re)construindo com as mães sociais as descobertas e a quebra de mitos, proporcionando-lhes uma aprendizagem de como eram ativas, capazes e responsáveis pela sua felicidade e seu modo de viver, cada uma podendo escolher os caminhos de forma mais livre, ao expandir e fixar novas realidades, portanto (res)significando suas histórias.

Reconhecemos que os participantes serão capazes de abandonar respostas antigas e adquirir novas, privilegiando um novo modo de se relacionar, que traz para sua vida novas alternativas de conviver com outras realidades (já que não existe somente uma única forma de responder ao problema), o que os levará a perceber que eles próprios serão seus agentes de transformação.

Qualquer trabalho relacionado às famílias não poderá deixar de levar em conta a visão sistêmica das várias instituições envolvidas, sob pena de construir-se uma ação isolada, incapaz de retroalimentar o sistema familiar. Como nos afirma Capra (1988, p. 29): "[...] a ciência não tem valor se não for acompanhada de preocupação social".

Outro olhar nos levou a constatar que o princípio de inclusão possibilita a integração desses vários saberes. Portanto, a autonomia, tão sonhada e desejada nesses grupos, emergirá, levando o participante a reconstruir narrativas que possibilitarão a identificação dos saberes.

Observamos em muitos desses encontros que "as queixas" ressurgiam, revelando muitas vezes grande impasse entre a ação e a lei (Estatuto da Criança e do Adolescente), por exemplo, sobre como dar limites às crianças. Só que dar e receber limites, aceitar e criar normas estava intricado em suas histórias de vida, muito semelhantes à das crianças abrigadas: abandono, carência, migração, exclusão social, busca de uma casa para morar, enquanto o marido procura emprego.

De forma geral, acreditamos que co-construímos experiências que nos levaram a perceber que:

- apesar da rotatividade das mães sociais, houve permanência de 50%, o que facilitará sua integração, com continuidade do grupo por cinco anos;
- o trabalho é um processo educativo e construtivo, com relevância de trabalhar no social por estarmos constantemente agindo, mudando, portanto evoluindo;
- existe a possibilidade de ser um multiplicador nas instituições;

- é possível levar à comunidade novos conhecimentos que permeiam as relações, enfatizando a vida de relação como um processo de aprendizagem permanente;
- a reflexão sobre as dificuldades existentes nas relações familiares possibilita maior compreensão e aceitação nas limitações inerentes ao ser humano;
- quando os pais revêem seus ciclos de vida e os compreendem, é possível (re)construir com eles novas possibilidades de como se perdoarem, eliminando culpas por seus relacionamentos com os filhos;
- é possível desconstruir mitos, legados mantenedores de conflitos relacionais;
- existe em todas as ações do fluir e refluir do homem o que fomos ontem, o que seremos amanhã e o que nos propomos ser hoje.

Embora nosso foco não estivesse nos papéis institucionais, constatamos uma das premissas do pensamento sistêmico: estar aberto, para desenvolver-se, fazendo trocas constantes com outros sistemas. Após dois anos e meio de encontros semanais, o abrigo realizou algumas mudanças, a saber:

- o departamento de psicologia ampliou o atendimento psicoterápico incluindo o atendimento à família social e biológica, quando o caso assim exigiu;
- foi criado um novo departamento de Apoio e Orientação Sociofamiliar (Asfam), que visa orientar e acompanhar as famílias biológicas dos abrigados, possibilitando a reintegração no menor tempo possível;
- o Asfam promoveu uma aproximação com a Vara da Infância, objetivando discussão/encaminhamento dos casos de reintegração e adoção;

- as mães sociais foram contratadas, possibilitando-lhes independência financeira.

Contudo, gostaríamos de ressaltar que características como maior poder de contenção diante dos fatos ocorridos em sua casa-lar; autonomia; alguns cuidados com as crianças/adolescentes; limites claros e pontuais com os adolescentes não foram desenvolvidos a contento. Todos esses comportamentos, a nosso ver, são reflexos de suas histórias de vida, culturais e das interconexões dentro do próprio abrigo.

Hoje o grupo continua recebendo quinzenalmente treinamento como um programa previsto na lei da mãe-social, desenvolvido também por uma sociodramatista e terapeuta familiar.

Os referenciais teóricos e as técnicas utilizadas, pertinentes ao sociodrama, às dinâmicas de grupos, à terapia familiar sistêmico-construtivista, possibilitaram maior qualidade nas respostas comportamentais, demonstrando-nos semanalmente a competência que os grupos possuem, ao (re)conhecerem seus recursos na solução de inúmeras dificuldades que vivenciam.

Não podemos nos esquecer de que essa tarefa deve desenvolver-se mediante a informação e a vivência do conhecimento que se transmite. Nesse caso, é possível ocorrer um avanço, ou seja, sair de uma construção quase que individual, transformando os mecanismos imitativos numa interação de como acontece com um saber-fazer particular, pela demonstração.

Essa articulação teórica entre o sociodrama, sistêmico-construtivista, só veio a reforçar que sua utilização é possível, pois traz em seu bojo propostas semelhantes, bem fundamentadas, respeitando sempre a pessoa em sua individualidade, proporcionando-lhe novas aprendizagens para viver melhor. Embora conviva com realidades diferentes, o participante está cônscio de que isso faz parte do esforço e autoaperfeiçoamento diário.

A aplicabilidade da metodologia psicodramática como intervenção na (re)construção das histórias tanto individual como coletiva possibilitou a promoção da família social no contexto do abrigo. Foi uma experiência ímpar em nossas atividades profissionais. Ouvíamos as novas narrativas e observávamos como as pessoas foram construindo um espaço para a interlocução entre diretoria, técnicos voluntários e funcionários da instituição, confirmando a visão de Moreno (1992, p. 188): "o grupo já está organizado pelos papéis sociais e culturais que, até certo ponto, todos os membros da mesma cultura partilham". Assim, ao retornarem para o contexto grupal, os pais sociais elaboravam melhor sua nova realidade.

A sistêmica construtivista nos possibilitou (re)viver com essas pessoas suas histórias, compreendendo suas diversas culturas, não criticando seu *modus vivendi*, mas ajudando-as a (re)fazer novas leituras nos comportamentos dos "filhos sociais" que muitas vezes apresentavam ressonâncias com suas próprias histórias. Estabeleceram-se, assim, pontes que facilitaram a convivência nos demais contextos sociais. Em várias ocasiões fomos transportados para outras regiões do Brasil, descortinando os diferentes Brasis nesse grande sistema de impasses sociais.

Parece-nos que o mais importante não é questionar teorias, métodos, técnicas e resultados, porque o que interessa é a vida. Assim, o que devemos construir nessas comunidades excluídas, estejam elas nos abrigos ou não, é uma vida plena em constante desenvolvimento, que possua essência, existência e convivência.

Referências bibliográficas

ALMEIDA, W. C. (org.). *Grupos*. A proposta do psicodrama. São Paulo: Ágora, 1999.

ANDOLFI, M.; ANGELO, Cláudio; SACCU, Carmine. *O casal em crise*. São Paulo: Summus, 1995.

_______; RUSSEL H. *Por favor, ajude-me com esta família*: usando consultores como recursos na terapia familiar. Porto Alegre: Artes Médicas, 1998.

BALIEIRO, A. C. Carvalho (org.). *A família, o espírito e o tempo*. São Paulo: Edições USE, 1994.

BUSTOS, D. M. *El grupo de psicodrama*. Buenos Aires: Momento, 1973.

CAPRA, Fritjof. *O ponto de mutação*. São Paulo: Cultrix, 1982.

_______. *Sabedoria incomum*. São Paulo: Cultrix, 1988.

CARTER, Betty *et al*. *As mudanças no ciclo de vida familiar*. Porto Alegre: Artes Médicas, 1989.

CASTELLO DE ALMEIDA, Wilson. *Encontro existencial com as psicoterapias*. São Paulo: Ágora, 1991.

_______. *O que é psicodrama*. São Paulo: Brasiliense, 1990.

ESTATUTO DA CRIANÇA E DO ADOLESCENTE – Lei n.º 8.069/90.

FREITAS, Antonia L. R. *Compreendendo a família* (uma abordagem psicológica articulada ao Espiritismo). Brasília: Positiva, 2000.

FREITAS, M. F. Q. Prácticas en la comunidad y la psicología comunitaria. *In*: KINOSHITA, Fernando. *Constituição da República Federativa do Brasil de 1988*. Brasília: OAB, 2003.

MARIN, I. K. *Alternativas de atendimento à criança e ao jovem abandonado*. São Paulo: Instituto Sedes Sapientiae, 1990.

_______. Trabalhando com abrigos. *Cadernos de Ação*, Belém, n. 3, p. 7, 1991.

MINUCHIN, S. *Famílias, funcionamento e tratamento*. Porto Alegre: Artes Médicas, 1982.

_______. *Técnicas de terapia familiar*. Porto Alegre: Artes Médicas, 1990.

MONTERO, M. (org.). *De la realidad, la verdad y otras ilusiones concretas*: para una epistemología de la Psicología Social Comunitaria. Santiago do Chile: Psyche, 1999.

_______. *Psicologia e comunidade*. Caracas: Sociedad Interamericana de Psicologia/Universidad Central de Venezuela, 1997.

MORENO, J. L. *Fundamentos de la sociometria*. Buenos Aires: Paidós, 1937.

________. *As palavras do pai*. Campinas: PSY, 1992.

________. *Psicodrama*. São Paulo: Cultrix, 1977.

________. *Psicoterapia de grupo e psicodrama*. São Paulo: Mestre Jou, 1959. (2 ed. revista – Campinas: Editorial Psy, 1993.)

________. *Quem sobreviverá?* Fundamentos da sociometria, psicoterapia de grupo e sociodrama. Tradução R. Faria, D. L. Rodrigues e M. A. Kafuri. Goiânia: Dimensão, 1992.

NAGY, Ivan Boszormeyi; SPARB, Geraldino M. *Lealdades invisíveis*. Buenos Aires: Amorrortu, 1992.

NICHOLS, Michael. *O poder da família*. A dinâmica das relações familiares. São Paulo: Saraiva, 1990.

PAPP, Peggy. *O processo de mudança*. Uma abordagem prática à terapia sistêmica da família. Porto Alegre: Artes Médicas, 1992.

SANTOS, B. S. *Introdução a uma ciência pós-moderna*. Rio de Janeiro: Graal, 2000.

SARTI, C. *A família como espelho*. Um estudo sobre a moral dos pobres. São Paulo: Cortez, 2003.

SEIXAS, Maria Rita D'Angelo. *Sociodrama familiar sistêmico*. São Paulo: Aleph, 1992.

SOUZA, Ana Maria Nunes. *A família e seu espaço*, uma proposta de terapia familiar. São Paulo: Agir, 1985.

WATZLAWICK, P. *A realidade inventada*. Campinas: Editorial Psy, 1981.

WHITE, M.; EPSTON, D. *Medios narrativos para fines terapeuticos*. Buenos Aires: Paidós, 1993.

4

A ESCOLHA PROFISSIONAL NA CENA DO TEATRO DE REPRISE

ROSANE AVANI RODRIGUES

A capacitação de um jovem para o mercado de trabalho, nos dias atuais, depende de vários fatores, entre eles estar preparado para realizar sua escolha profissional. Para tanto, essa escolha, que determinará por uma vida o seu direcionamento, deve encontrar condições favoráveis para ser realizada.

Essas condições favoráveis se estendem desde o direito à liberdade de escolha até a busca e obtenção de informações atualizadas sobre as opções disponíveis. Para estar preparado para essa escolha, o jovem necessita de flexibilidade para articular interesses e talentos diferenciados, de tal forma que vá compondo o perfil de seu papel profissional.

O mercado de trabalho vem sofrendo grandes e constantes transformações, que ocorrem de forma muito veloz. Os pais podem oferecer o suporte emocional, até para que os filhos possam permitir-se errar e refazer suas escolhas. Mas o que os jovens precisam neste momento é assumir a responsabilidade sobre suas próprias escolhas.

Nessa perspectiva é que o trabalho descrito neste capítulo buscou uma ação coletiva e profilática, no sentido de mobilizar nos jovens e em suas famílias os fatores que propiciassem as mais favoráveis condições para a escolha profissional.

A intervenção foi patrocinada pela Fundação de uma empresa automotiva. O projeto inicial teve uma equipe de Recursos Humanos como idealizadora, ao mesmo tempo ousada e criteriosa, que possuía um psicodramatista entre seus integrantes. A equipe profissional, responsável pelas intervenções, foi o Grupo Improvise, do qual faço parte como diretora. Nos quatro espetáculos realizados, as profissões sugeridas pela platéia, as cenas que surgiram e o fechamento orientador da diretora foram baseados no tema "Encontro de Orientação Profissional para Filhos de Empregados".

Relevância e condições da intervenção

A intervenção realizada foi baseada em algumas condições que permearam o projeto e seu desenvolvimento.

A empresa desenvolve há quatro anos um trabalho educativo com os filhos de seus funcionários que se encontram em fase pré-vestibular. Para a realização desse projeto, são normalmente contratados serviços terceirizados e envolvidas as plantas de São Bernardo do Campo (SP), Taubaté (SP) e Resende (RJ). O projeto de 2003 foi concebido com quatro intervenções, sendo uma em Taubaté, uma em Resende e duas em São Bernardo do Campo (a planta mais numerosa da empresa). O programa todo constou de três etapas:

- um espetáculo de Teatro de Reprise para os jovens, acompanhados de pai ou mãe;
- um inventário de interesses aplicado aos jovens, seguido de uma devolutiva comentada, sob a orientação de uma empresa especializada;

- um *talk-show* para os jovens, com convidados da própria empresa e outros, contando sobre suas carreiras profissionais.

Nossa equipe, ao ser convocada para fazer parte integrante do projeto, teve toda liberdade de ação e acesso a modificações nesse planejamento.

Além dos filhos de funcionários e seus pais, a proposta foi ampliada para incluir a comunidade vizinha a cada planta. A previsão inicial era de um terço das vagas ser destinado à comunidade, que, assim como os próprios funcionários, em sua grande maioria, pertencia a um nível socioeconômico médio-inferior ou baixo. O sistema de inscrição para o programa foi por adesão voluntária. Cerca de 1,3 mil pessoas participaram, sendo a metade de jovens e a outra dos pais.

O projeto contou com uma organização central em São Paulo, mas a logística das plantas possuía uma equipe responsável própria, que fazia as adaptações necessárias ao contexto de cada planta. Nossa equipe foi contatada pela empresa por trabalhar com psicodrama e ter credibilidade no meio organizacional.

Na época agendada para a realização do trabalho, a empresa passou por dura negociação trabalhista com seus funcionários, amplamente divulgada na imprensa. A negociação entre funcionários e empresa terminou no dia anterior a nossas duas primeiras intervenções na planta de São Bernardo do Campo. As resoluções relativas a essa planta foram, na prática, um "final feliz". Na planta de Taubaté, porém, a intervenção aconteceu em meio a uma perspectiva bastante difícil, de demissão para um número expressivo de funcionários.

Em São Bernardo do Campo foram realizados dois espetáculos, em virtude do tamanho da planta: um no período da manhã, contando com cerca de 400 pessoas, entre jovens, pais e pessoas da comunidade; outro no período da tarde, com cerca de 300 pessoas, com as mesmas características. Em Resende e em Taubaté foram cerca de 300 pessoas, em cada planta.

Objetivos

Como a intervenção psicodramática estava programada para ser a primeira das atividades, que em algumas plantas se estendeu por dois dias, um de nossos objetivos foi o de abrir esse encontro entre pais e filhos, de forma a motivar as pessoas para o todo do projeto. E, também, de promover um diálogo franco com os pais sobre a questão da escolha, além de inserir o jovem na conversa com outros adolescentes e pais.

A meta era auxiliar e sensibilizar os jovens, filhos de funcionários da empresa, e a comunidade presente para suas futuras escolhas profissionais e planos sobre suas carreiras, ou seja, prevenir escolhas fundadas em parâmetros equivocados, tais como: o que está dando mais dinheiro, deixar os pais felizes, tentar qualquer coisa só para estar adequado, idealizar profissões pelo *status* etc. Para tanto, nos propusemos a refletir, em conjunto, sobre as dificuldades, sonhos, talentos e a realidade do mercado de trabalho, que envolvem essa escolha. A própria empresa se incumbiu de fazer uma pesquisa quantitativa de impacto dos resultados alcançados entre os presentes.

Metodologia

A metodologia escolhida para o trabalho foi o psicodrama, em sua modalidade de axiodrama. Em nosso caso o tema foi a escolha profissional. Essa ação dramática objetivou propiciar a busca e o aprofundamento da "verdade" do grupo. Sob o ponto de vista socionômico, o grupo foi levado a certo "estado de espontaneidade" para que se desvelasse o que realmente pensava e sentia sobre o assunto. A partir do contato coletivo com essas verdades (co-consciente e co-inconsciente grupal), o grupo poderia transformá-las, caso desejasse. Dentro desse referencial psicodramático, o método para a realização do trabalho foi o Teatro de Reprise.

O que é Teatro de Reprise?

Teatro de Reprise é uma versão brasileira do método criado por Jonathan Fox (Salas, 2000, p. 25): o *Playback Theatre*. Trata-se de um espetáculo teatral improvisado e interativo, que conta com a participação da platéia. Uma equipe formada por atores, músicos e um diretor realiza, com o auxílio da platéia, uma intervenção psicodramática, com qualidades estéticas de sofisticada resolução cênica, visto ser de improviso. Alguns voluntários, chamados de narradores, relatam cenas passadas da vida de cada um, que são trabalhadas teatral e simbolicamente para ser apresentadas pelo elenco. Não se trata apenas de uma reprodução. A cena é combinada por alguns minutos, para que sirva de reflexão tanto para o narrador da cena como para o grupo presente. A característica especial desse método em relação ao psicodrama clássico é que o autor da cena não participa como ator. Ele assiste à encenação, do melhor ângulo possível da platéia, e também é auxiliado por esta. O direcionamento do tema se dá pelo aquecimento inicial e pelo fechamento, conduzidos pelo diretor.

Fundamentalmente essa é uma intervenção socioeducacional, no sentido mais atual. Hoje se pensa educação como o possibilitar a aprendizagem e não mais como ensinar algo que os aprendizes não saibam, ou seja, o conhecimento é construído a partir do próprio repertório de quem aprende. Coerentes com os princípios psicodramáticos da socionomia, se levarmos as pessoas presentes ao espetáculo a um estado de espontaneidade, elas poderão atingir uma reflexão profunda e emocional sobre o tema, que resultará na transformação necessária, possível e natural àquele grupo de pessoas.

A intervenção não deve permitir manipulações para obter um resultado sem imperfeições e também não se propõe qualquer outro tipo de manipulação. Sabemos que o Projeto Socionômico de Moreno (Moreno, 1992, v. I, p. 214) pressupõe a auto-expressão coletiva e a liberdade do grupo de "negociar seus próprios planos" e destinos. A generosidade essencial dessa linguagem supõe que a equipe seja um instrumento de expressão da emoção do grupo, um veículo de seu co-inconsciente, do qual essa também faz parte, com papel e função diferentes da platéia. Esse procedimento é responsável, inclusive, pela manutenção do aquecimento durante todo o espetáculo.

AS INTERVENÇÕES

Cada espetáculo teve a duração de cerca de duas horas e meia e as apresentações compreenderam a seguinte ordem:

AQUECIMENTO

Um aquecimento, no qual cada um dos oito membros do Grupo Improvise resumiu seu percurso profissional. Essa foi uma demonstração bem-humorada de como a formação profissional de cada um, em nosso caso, não determinou um resultado profissional lógico.

Uma brincadeira com a platéia, que deveria adivinhar quais profissões estávamos encenando. Foram feitas pequenas *performances* de tal forma que o público pudesse arriscar todas as profissões correlacionadas e isso também estaria correto. Portanto, não visava a uma resposta única.

Pais e filhos subiram ao palco e, com a ajuda dos atores, davam idéias de profissões para serem realizadas pelos atores (às vezes, voluntariamente, entravam como atores na cena).

Os atores fizeram esculturas fluidas, técnica improvisada de congelamento de expressões de emoção (Salas, 2000, p. 43), realizadas a partir de emoções da platéia, ligadas à escolha profissional. Por exemplo, a angústia de escolher errado, o medo de não saber como conduzir o processo com o filho, a confusão diante de tantas opções possíveis etc.

Uma cena (ensaiada) feita por dois atores, em que um ator relatava uma história – verídica – de seu avô pescador, enquanto outro ator mimava o relato, tornando-o teatral. A idéia da cena era a de que o caminho correto na vida seria aquele que indicasse plenitude. A cena visava mobilizar uma emoção mais impactante.

De olhos fechados, o público seguiu instruções verbais para recordar cenas de sua vida, ligadas à escolha profissional. Se fossem pais, cenas de um passado mais remoto. Se fossem filhos, cenas vividas que haviam influenciado a escolha que deveriam fazer naquele momento da vida.

Cenas

Os narradores, de forma voluntária, subiram ao palco para relatar suas cenas (os jovens tinham prioridade, se houvesse mais de um voluntário). A cada relato seguiam-se músicas relacionadas ao tema da cena de cada narrador. E, logo após, acontecia a apresentação da cena contada, reinterpretada pelos atores. O narrador subia novamente ao palco, e lhe era oferecida a oportunidade de fazer um breve comentário. O número de cenas foi determinado pelo tempo disponível.

Compartilhamento e reflexão sobre o tema

Ao final de três ou quatro cenas procedeu-se a um compartilhamento, quando a platéia pôde contar aos narradores cenas parecidas que viveram ou foram recordadas e não foram improvisadas pelos atores. Essa etapa foi comentada pela diretora, que alinhavou conteúdos relativos à escolha profissional, angústia dos pais ou dos filhos, sempre com o cuidado de articular sem, no entanto, concluir pelo grupo.

Para finalizar os pais enviaram recados para os filhos e, depois, esses aos pais. Os recados, pequenas falas ou palavras, foram repetidos pela diretora, para destacá-los.

Resultados alcançados

Impacto das intervenções

Indicadores quantitativos

A avaliação quantitativa de impacto das intervenções foi realizada com a organização própria de cada planta, portanto obtida de forma independente. Não temos informações detalhadas de como cada pesquisa foi realizada, a não ser que foi feita imediatamente após o término de todas as três atividades previstas pelo programa e por escrito. A tabulação dos dados, que nos foi gentilmente oferecida pelos coordenadores de cada planta, indica alguns números expressivos:

- em São Bernardo do Campo, 84% do público dos dois espetáculos considerou que era "bom" o Teatro de Reprise; 14%, "satisfatório"; 1%, "regular"; 1%, em branco.

No item "bom", as outras atividades obtiveram 61% (inventário de interesses) e 78% (*talk-show*). Levando em conta as três atividades, 92% consideraram a contribuição positiva para a escolha profissional e 75% acreditaram que a apresentação os fizera pensar em novas possibilidades de profissão;

- em Taubaté, 96% gostaram do Teatro de Reprise, 63% do inventário de interesses e 66% do *talk-show*. Em relação à preferência, 72% elegeram o Teatro, entre as três atividades, como a de que mais gostaram e 86% acreditaram que o Encontro de Orientação ajudaria na escolha profissional;
- em Resende, a pesquisa não destacou a intervenção do Teatro de Reprise, mas apontou que 84% aprovaram o programa, 46% dando nota 10, 30% nota 9 e 19% nota 8. O grupo acusou um aproveitamento de 81%.

Indicadores qualitativos (depoimentos)

Eu pude perceber que o trabalho tocou as pessoas, principalmente no que diz respeito à relação entre pais e filhos. Pais puderam contar um pouco da sua própria história aos filhos e filhos puderam falar sobre suas angústias e medos a respeito da escolha da profissão. Foi realmente emocionante. (Branca Brener, música do Grupo Improvise)

Para mim, o fato de o Grupo Improvise estar bem preparado para a missão de encarar uma platéia, com um público formado por pessoas em papéis complementares (pais e filhos), garantiu o sucesso da empreitada. Sabíamos que tipo de conteúdos poderia emergir, em função da crise trabalhista da empresa, e foi confortante sentir a reação de pais e filhos que se entregaram de coração aberto à participação no espetáculo. (Lucila Camargo, atriz do Grupo Improvise e responsável pela empresa que realizou o Inventário e *Workshop* "Quem sou eu?")

A idéia inicial do projeto Encontro de Orientação Profissional para Filhos de Empregados da Volkswagen tinha por premissa fazer com que pais e filhos refletissem sobre a escolha da carreira profissional de maneira participativa. Tivemos a oportunidade de assistir à platéia participando com seus conflitos reais sobre a escolha da profissão e observar a identificação das pessoas com as cenas a que assistiram. As apresentações do Grupo Improvise, que atingiram cerca de 1,3 mil empregados, seus filhos e a comunidade próxima a Volkswagen, contribuíram para alinhar o diálogo entre pais e filhos adolescentes sobre o tema Escolha da Profissão de uma forma mais próxima da realidade da platéia. (Nilo Guidelli, analista de treinamento, Volkswagen do Brasil Ltda.)

Narrativas dos espetáculos

Espetáculo São Bernardo do Campo 1 — cena 1 (calouro)

O narrador, um pai, relatou o dia em que foi ver o resultado do seu vestibular. Chegando lá, ficou todo feliz por ter passado. De repente, uma pessoa o confundiu com um tal de Carlos, do segundo ano, e começou a armar com ele um esquema para passar trote nos calouros. Ele foi então envolvido na atividade dos veteranos e saiu cortando o cabelo de todos os calouros. Por fim, ele conseguiu escapar do trote e saiu ganhando, porque permaneceu com os cabelos intactos.

Espetáculo São Bernardo do Campo 1 — cena 2 (grito)

O narrador, um jovem, contou que tinha participado de uma seleção para trabalhar no Senai da Volkswagen. Ligaram para sua casa e ele atendeu. A pessoa informou que ele havia passado na seleção. Então, ele pediu licença para sair um pouco do telefone e deu um grito de emoção por ter conseguido a vaga. Voltou ao telefone, achando que não tinha sido ouvido. Quando os dois se encontraram, ele acabou sendo identificado como o "rapaz do grito".

Espetáculo São Bernardo do Campo 1 – cena 3 (ovo)

O narrador, um pai, contou uma cena ocorrida no refeitório de uma empresa em que trabalhara muitos anos antes. Contou que todos os dias reclamavam dos tempos difíceis, tendo de sempre levar arroz, feijão e ovo. Até que um dia, quando começaram a reclamar da mesma comida, um colega confessou: "Vocês são felizes, porque têm um ovo pra comer. E eu que coloco um ovo de plástico na marmita? Não posso comê-lo!". Todos acabaram rindo, mas sabiam da tristeza que significava isso.

Espetáculo São Bernardo do Campo 1 – cena 4 (guitarrista)

O narrador, um jovem, relatou que um dia estava em casa estudando até que recebeu um telefonema de um colega chamando-o para um teste, para entrar numa banda. Ele ficou muito feliz e foi para o teste. Ao chegar lá, encontrou todos os colegas do Senai e se sentiu muito bem. Ele passou no teste e tocaram, com a maior moral (*sic*). Um colega, chegado dele, então o abordou, dizendo que estava com muita vontade de chorar, só pela emoção de ver a galera (*sic*). Ele disse que se sentiu muito orgulhoso e emocionado por vencer no que mais queria e que tinha um grande prazer em ter achado seu lugar.

Espetáculo São Bernardo do Campo 2 – cena 1 (trem)

O narrador, um pai, relatou o sacrifício do cotidiano de trabalho, como vivera quando jovem: pegar trem e ônibus cheio todos os dias e depois ir estudar chegando tarde da noite, cansado. Repetiu várias vezes quanto, naqueles tempos difíceis, a rotina de todos os dias foi sacrificada, pois a assimilação do estudo ficava muito comprometida. Disse, emocionado, não desejar de forma alguma isso para sua filha, para que pudesse aproveitar melhor os estudos.

Espetáculo São Bernardo do Campo 2 – cena 2 (espera)

A narradora, uma jovem, relatou a cena do dia em que passou pela primeira entrevista de seleção. Enfatizou a ansiedade de ter de esperar por um telefonema dias e dias, após a entrevista, e nada acontecer. Ficava sem saber se tinha passado ou não e se sentia a pior das pessoas (*sic*), conforme os dias iam se sucedendo. Nesse ínterim, sofreu e ficou fantasiando o que poderia ter feito para ter se saído melhor. Viveu o conflito de imaginar não ter sido boa o suficiente para atender os requisitos da vaga, a sensação de despreparo e, ao mesmo tempo, a rejeição. Contou que ao final resolveu procurar outra coisa e que estava empregada naquele momento.

Espetáculo São Bernardo do Campo 2 – cena 3 (perdida)

A narradora, uma jovem, relatou a angústia de já ter começado a trabalhar e ainda não ter encontrado o caminho certo. Contou que trabalhou em um banco, como caixa, e que sempre recebera o incentivo do pai para fazer cursos e se atualizar, mas ainda estava tentando se encontrar. Em muitos momentos, teve a sensação de estar na área errada – a área administrativa – porque queria mesmo ir para a área de comércio exterior. E, assim, ainda vivia esse conflito de não saber direito como sair daquele trabalho e se dirigir ao que realmente gostaria de fazer.

Espetáculo São Bernardo do Campo 2 – cena 4 (chantagem)

A narradora, uma jovem, relatou seu desejo de fazer psicologia e sua luta para convencer a mãe, que achava que ela deveria ir para a área de comércio exterior. Contou que tinha uma prima nessa área e que estava sendo comparada com ela para seguir a profissão que a mãe admirava. A mãe chegou a dizer que, se ela fizesse psicologia, não haveria possibilidade de pagar seus estudos. Ela estava tendo de negociar com a mãe, mas estava lutando para fazer o que desejava. Mencionou, ao ser perguntada, que quem estava presente ali com ela era o pai.

Espetáculo Resende – cena 1 (herói)

O narrador, um jovem, filho de ex-funcionário, contou que ficava na janela esperando chegar o ônibus que trazia seu pai depois de um dia de trabalho. Ficava deslumbrado de vê-lo e não conseguia sair de perto dele, depois que ele entrava em casa. O pai ia para a cozinha contar à mãe como tinha sido o dia dele, e o filho continuava rodeando e ouvindo as conversas. O pai tinha até de pedir que ele saísse, de vez em quando. Contou que se sentia fascinado pelo trabalho do pai, porque tinha muito orgulho dele. Esse jovem ao final da cena declarou no microfone que amava o pai, ali presente.

Espetáculo Resende – cena 2 (mãe/atriz)

A narradora, uma jovem, que veio inclusive com seu bebê e a mãe, contou uma cena cujo título era Véspera: na ocasião ela tinha 18 anos e estava grávida, prestes a ter o bebê. Nessa fase ela estava ensaiando uma peça de teatro. Na véspera do dia da estréia, ela começou a sentir as dores e seu filho nasceu quando deveria estar estreando a peça. Sentiu-se então muito dividida, porque queria estar também na estréia.

Ao mesmo tempo contou que naquele momento sentia que não poderia se dedicar ao teatro como gostaria, porque queria muito cuidar de seu filho. Emocionou-se quando falou isso e disse ter receio de não poder acompanhar o trabalho teatral e ser esquecida.

Espetáculo Resende – cena 3 (inspetora)

A narradora, uma mãe, contou do impasse que viveu quando foi optar pela profissão. Sempre sonhou ser dentista e acabou sendo inspetora de alunos. Achava que não levava o menor jeito para isso. Sempre se achou muito comunicativa, mas no início tudo foi muito difícil, não se encontrava na sala (*sic*) e não conseguia se relacionar com os alunos. Até que um dia ela se deu conta de quanto estava muito envolvida naquele trabalho. Então, resolveu estudar para ser professora e era o que estava fazendo no momento. Já não pensava em ser dentista como antes, porque parecia que a atual profissão tinha tudo a ver com ela. Chorou um pouco ao contar a história e mais ainda quando a cena foi realizada pelos atores.

Espetáculo Taubaté – cena 1 (simplicidade)

A narradora, uma jovem, relatou uma experiência que viveu com a mãe quando foi ajudá-la numa festa de final de ano, no seu trabalho, para crianças carentes. O que mais a impressionou foi ver a felicidade das crianças quando receberam o presentinho que sua mãe lhes dera. Embora tenha sido um presente simples, não imaginava que aquelas crianças fossem ficar tão agradecidas e contentes. Isso a fez pensar que não é preciso muito para fazer alguém feliz e que não devemos reclamar tanto de tudo (*sic*), como muitas vezes as pessoas fazem.

Espetáculo Taubaté — cena 2 (saga)

O narrador, um pai, relatou toda sua trajetória profissional e seu desejo de ter sido cadete da aeronáutica e não ter conseguido. Contou que estudou muito e que, quando foi chamado, lhe ofereceram uma vaga, mas para o exército. Ele não aceitou e desistiu dessa carreira. Ingressou então no ramo de metalurgia e mecânica e foi procurando melhorar. Teve vários empregos e resolveu um dia mandar um currículo para a Volkswagen. Recebeu uma carta para comparecer a uma entrevista, mas a carta chegara um dia depois da data prevista para o comparecimento. Ainda assim foi no dia seguinte, e tentou. Ao chegar explicou a situação ao selecionador, que num primeiro momento lhe disse que, como não tinha comparecido na data, a vaga tinha sido preenchida. Ele ficou triste, mas, quando estava saindo, o selecionador o chamou, dizendo que estava brincando e que ele poderia se candidatar à vaga. Com isso ele entrou na Volkswagen e aproveitou todas as oportunidades de crescer. Ao completar 10 anos de empresa viveu seu melhor momento, quando foi homenageado. A filha presente chorou com a cena representada pelos atores.

Espetáculo Taubaté — cena 3 (artesã)

A narradora, uma mãe, relatou que se formou, ainda solteira, como auxiliar de enfermagem. Na época não pôde trabalhar, pois se casou, teve seus filhos e cuidou de cada um deles e de seus destinos e escolhas. Seu marido trabalhava na Volkswagen havia 18 anos e estava para ser desligado no final de 2003, fato que o deixou preocupado. Fazia algum tempo que ela começara a mexer com modelagem, inicialmente como distração, e depois se envolvendo mais. Contou que naquele momento estava trabalhando com isso, aos 52 anos, e se sentia realizada por se sentir útil. Gostava do que fazia e acreditava que nunca era tarde para recomeçar. Estava inclusive envolvendo o marido nesse trabalho e ele começava a adquirir gosto por trabalhos artesanais. Ela chorou bastante, durante quase todo o resto do espetáculo, mesmo na fase do compartilhamento.

Observação: As cenas realizadas pelos atores, assim como as músicas executadas nos espetáculos, não estão registradas aqui devido ao fato de ser praticamente impossível o bom registro de teatro, com uma descrição que contemplasse o clima e o jogo teatral com a platéia.

Discussão dos resultados

Os dados quantitativos mostraram a grande aceitação do público em relação ao programa como um todo. As porcentagens indicam ainda que as pessoas avaliaram a intervenção do Teatro de Reprise como particularmente interessante para ajudar os jovens no momento de escolha da profissão. Portanto, os dados quantitativos confirmam o que pudemos observar "a olho nu", durante o próprio trabalho.

Os depoimentos de duas participantes do Grupo Improvise marcam o entusiasmo de estar interferindo preventivamente nessas famílias. E o depoimento do analista de treinamento da empresa confirma a eficácia do método, sob um ponto de vista privilegiado, de quem contratou e acompanhou de perto o processo.

A preparação de um aquecimento que favorecesse o adensamento de um co-inconsciente de um público tão grande, sendo metade dele constituída de adolescentes, parece-nos ter sido um dos ingredientes mais importantes para o desenvolvimento fluente e tranqüilo da intervenção. Esse aquecimento foi fruto da experiência adquirida ao longo dos anos com públicos grandes e com empresas, e também da preparação específica para essa particular intervenção. Portanto, os jogos e a disposição para o trabalho foram desencadeados muito antes da intervenção. Isso é importante, porque a disposição do grupo presente a qualquer trabalho é fortemente influenciada pela sintonia da equipe profissional com as dificuldades que serão ali tratadas. E, não menos importante, por certo desprendimento de idéias preconcebidas e desejos sobre o grupo.

Tanto os pais como os adolescentes tinham aderido ao projeto com um mesmo objetivo, mas sabemos que as subjetividades de cada pessoa e seus objetivos secundários poderiam dispersar o trabalho. Porém, o adensamento do co-inconsciente concentrou e criou o foco do trabalho, numa subjetividade partilhada e representativa do grupo.

No primeiro espetáculo tivemos quatro cenas que dialogaram entre si. As duas primeiras foram relatadas uma por um pai e outra por um jovem, com um conteúdo bem engraçado, com equívoco, alegria e final feliz. Já a terceira cena chegou para conter essa euforia, lembrando a todos do quanto outras pessoas sofrem mais do que nós. E a última cena propôs uma síntese, marcando uma vitória e um reconhecimento ao final.

Lembramos que a cada cena eram tocadas músicas e realizadas representações, que faziam com que o tema fosse aprofundado e se aquecesse ainda mais o conteúdo do diálogo dramático do co-inconsciente. Na última cena, o ator protagonista, que representava o narrador, terminou falando que estava com vontade de chorar e ficou com os olhos cheios de lágrimas.

Já no segundo espetáculo o público abriu o diálogo co-inconsciente com um pai mencionando que desejava para a filha menor sacrifício para estudar do que ele próprio tivera de fazer. Estava, assim, lançado o conteúdo de proteção paterna e paternalista, que foi respondido, em seguida, por três jovens com seus relatos de como a proteção pode ocasionar despreparo e dificuldades para o adolescente seguir seu caminho. A segunda cena marcou o sofrimento de uma jovem, que aprendeu a esperar a notícia de não ter sido selecionada e a lidar com a frustração. Depois de representada a cena, ela contou que realmente dissera "chega" e pegara o jornal para procurar outro emprego como tinham feito os atores. A terceira cena retratou a confusão de uma pessoa para tentar se encontrar, ao querer algo distante do que faz para sobreviver. E a quarta e mais contundente cena ilustrou o depoimento da jovem que desejava seguir uma carreira de que não se orgulhava sua mãe, que a estava chantageando para seguir a profissão que admirava, por ser a escolha de uma sobrinha. Essa última cena comoveu profundamente o público presente, pois evidenciou teatralmente a competição por poder entre mãe e filha e conferiu muita emoção ao compartilhamento, que foi feito ao final daquele espetáculo (era o pai quem acompanhava a jovem).

Já o terceiro espetáculo, realizado em Resende, iniciou um diálogo co-inconsciente com um jovem que contava de seu fascínio pelo pai, quando criança, e de como o trabalho desse era valorizado como o mais importante do mundo, a partir desse olhar. A jovem a seguir fez um relato bastante dramático de uma inversão de papéis, que a vida a obrigou a fazer, de forma imatura: ter de assumir a maternidade e abrir mão de parte de seus sonhos profissionais e de prazer. A terceira e última cena fechou o diálogo com uma mensagem profunda de uma mãe, de que às vezes uma realização pode demorar e não ser exatamente o que se sonhou a princípio (ser dentista), mas que, ao final, pode-se encontrar o seu lugar e ser muito feliz com o que aparentemente não gostava (inspetora de alunos).

O quarto espetáculo, em Taubaté, tinha como pano de fundo do co-inconsciente uma promessa de demissão numerosa e um clima de tristeza, permeando o contexto. Uma jovem abriu o diálogo com um singelo relato de cena, em que achava que a mãe estava errada em levar presentes tão simples para as crianças com as quais trabalhava. Surpreendeu-se, porém, com o resultado tão potente dos presentes. Essa cena foi realizada pelos atores com muito lirismo e de forma simbólica, por meio de panos coloridos. Os dois narradores que se seguiram foram pais, que deram depoimentos marcantes de como a idealização de um caminho brilhante e ambicioso pode ser muito interessante quando se transforma em simplicidade.

Várias cenas, portanto, nos contaram de frustrações quando da escolha profissional. Algumas vezes o impedimento pode ser superado por transformações criativas, feitas ao longo do tempo. Outras vezes a frustração ainda se encontrava presente, mas com perspectiva de superação. Portanto, esse público conseguiu pontuar que dentro do papel profissional a frustração faz parte do caminho e que, também, há um meio de lidar com ela, para que ela não determine apenas o final de um sonho.

Também foi relevante para esse público a busca do pertencimento social. Ser profissional envolve ser aceito, pertencer e ser reconhecido como tal. Sabemos que "ser aceito" é mesmo bastante importante para qualquer indivíduo, porém parece que, para esse público, ser aceito está relacionado com um vínculo empregatício. Houve um caso em que, no compartilhamento, isso foi explicitado por pais, quando mostraram aflição diante da possibilidade de que seus filhos não tivessem trabalho, não fossem aceitos, por não conseguirem emprego. Se levarmos em conta que hoje o mercado de trabalho está muito diferente e que os pais precisariam reconhecer que nem sempre o trabalho se parecerá com aquele dos seus tempos de jovem, essa realidade apresenta-se para eles muito cruel. Portanto, ali no espetáculo, tanto pais como jovens puderam começar a pensar em mudar a forma de diálogo, passando a ser mais aberto e amadurecido e com menos saudosismo e nostalgia.

Vários temas de perdas de sonhos e projetos inteiros de vida foram apresentados. Regados à esperança de um futuro melhor, e mesmo da reversão desse quadro difícil, esses sonhos foram discutidos ali com os jovens, de tal forma que puderam ser articulados com a realidade dos obstáculos da vida. Ou seja, as sagas são emocionantes, mas também reais e não ficções românticas.

Muito se falou em agradáveis sensações de descobrir-se, sentir-se capaz e útil. O valor de encontrar seu lugar no mundo foi trazido como um caminho marcante para o desenvolvimento do papel profissional. Para conquistar esse bem-estar, o público jovem contou que é preciso garra, brigar com algumas imposições e pressões dos pais, usar o modelo de seriedade e simplicidade que tiveram em casa, comparar sua situação em relação aos que sofrem mais, ir atrás do que se quer, em alguns momentos esperar e, principalmente, criar condições para ser feliz. Tanto as cenas como as falas desse público, no compartilhamento, valorizaram essa busca criativa da felicidade.

O dinheiro, a fama e o poder foram valores mencionados como uma composição do papel profissional e não como meta. Vale lembrar que, de forma geral, a sociedade está submetida a uma supervalorização da busca de algumas profissões que indicam altos ganhos financeiros. E, em contrapartida, essas são respostas mutantes, pois a área que está procurando profissionais hoje não será a mesma no ano em que estiverem formados. As mudanças são rápidas e o raciocínio de se guiar por ganhos espetaculares é enganoso. Portanto, embora essa seja uma vigência nos tempos de hoje, o diálogo estabelecido com os jovens por ocasião dos espetáculos evocou muito mais a paixão, a capacidade de lutar pelo que se quer e privilegiar a própria intuição.

Os compartilhamentos, ao final de cada espetáculo, foram muito profundos e emocionantes. Vários pais pediam orientação de como proceder nesse delicado momento da vida de seus filhos. Alguns se disseram confusos sobre o que falar ou não falar: se deixavam o jovem escolher ou interferiam e os "influenciavam" com suas opiniões. Os jovens, por sua vez, pediram mais liberdade aos pais e confiança neles (jovens). Alguns pediram mais diálogo, sem crítica. Outros pediram paciência. Os pais deram recados aos filhos, com votos de boa sorte, confiança, garra. Dizem que eles podem cair e se levantar e, também, que devem ter paciência com o percurso.

Alguns depoimentos foram emocionantes, com declarações públicas de amor de pai para filho e também de filho para pai. Mesmo entre o público de Taubaté, que é mais religioso, conservador e tímido, os votos de sucesso aos filhos e a recuperação dos valores norteadores da escolha profissional foram emocionantes – especialmente se lembrarmos que esse público estava amedrontado com o próprio futuro, em função da demissão iminente.

Considerações finais

Diante da grande aceitação tanto do público (adolescentes e pais) como da empresa, o método dramático, especificamente realizado pelo Teatro de Reprise, mostrou boa penetração nessa comunidade. Acreditamos que trabalhos sobre educação e o papel social possam ser empreendidos com esse mesmo método. O estímulo propiciado pela arte promove uma mistura interessante de prazer e trabalho, que torna a abertura emocional para qualquer platéia cativante e faz a espontaneidade fluir facilmente.

Temos utilizado esse mesmo método no setor organizacional em vários segmentos, com funcionários de chão de fábrica, executivos de alto escalão, ou no segmento bancário. Os resultados de trabalhos motivacionais, de maior harmonia entre equipes, de transformação de mentalidade dentro da empresa, demonstram a eficácia do método. A maior prova disso é que esse tem sido um trabalho cada vez mais utilizado pelas empresas que querem investir nas pessoas e, conseqüentemente, em sua produtividade.

A eficácia do método também tem sido comprovada em ONGs, fundações e instituições beneficentes, assim como em grupos menos organizados, como favelas, iniciativas de pequenos grupos para minorias etc.

A grande mágica desse trabalho está em possibilitar à comunidade discutir de forma artística seus problemas e, portanto, encontrar soluções próprias, que respeitem seu contexto. O método garante a manutenção do que foi conquistado na intervenção, porque o grupo mobiliza de tal forma os recursos próprios que não se dá conta de que muitas vezes está trabalhando nesse sentido. Isso ocorre porque a intervenção é alegre, entusiasmada, emocionante, e potencializa as pessoas para a ação de empreender mudanças no sentido de procurar o melhor caminho.

Acreditamos que mais pesquisas e registros desse tipo devem ser feitos para que não só divulguemos as possibilidades desse método, mas também o estudemos e nos aprofundemos cada vez mais. As publicações sobre psicodrama são muitas, especialmente no Brasil, mas o *Playback Theatre* e o Teatro de Reprise, assim como estudos sobre o co-inconsciente, ainda contam com publicações escassas. O método é relativamente novo e seu exercício ainda mais recente: foi criado em 1975 e trazido para o Brasil no início dos anos 90.

Referências bibliográficas

AGUIAR, M. *Teatro espontâneo e psicodrama*. São Paulo: Ágora, 1998.

CUKIER, R. *Palavras de Jacob Levy Moreno*. São Paulo: Ágora, 2002.

MENEGAZZO, C. M. *Dicionário de psicodrama e sociodrama*. São Paulo: Ágora, 1995.

MORENO, J. L. *Psicodrama*. 9. ed. São Paulo: Cultrix, 1993.

________. *Quem sobreviverá?* Fundamentos da sociometria, psicoterapia de grupo e sociodrama. Goiânia: Dimensão, 1992.

MOTTA, J. (org.). *O jogo no psicodrama*. São Paulo: Ágora, 1995.

SALAS, J. *Playback Theatre*. Uma nova forma de expressar ação e emoção. São Paulo: Ágora, 2000.

5

A PRAÇA É DO POVO

CIDA DAVOLI

Discutiremos neste capítulo a utilização e as adequações da metodologia psicodramática para espaços abertos e públicos. Tal como o teatro de rua, o psicodrama de rua como uma modalidade psicodramática tem também temáticas e técnicas particulares.

Essa nomenclatura – psicodrama de rua – foi inspirada na denominação teatro de rua, uma das modalidades de fazer teatro que, entre suas características, além, obviamente, de ser realizado em locais públicos, com temáticas e técnicas próprias, tem o desejo de ser uma ação sociopolítica direta. É um teatro de volta às origens gregas.

Conceitos psicodramáticos tradicionalmente conhecidos, tais como protagonista, aquecimento, grupo, serão discutidos para ser realizados no espaço aberto público.

Pretendemos, também, refletir um pouco sobre a importância dessa abordagem para a população e suas possíveis conseqüências sociopsicológicas. É a utopia moreniana fazendo-se realidade?

Baseio meu relato em duas experiências de quando dirigi o Psicodrama de Rua em São Paulo. Escolhi duas direções. A primeira tinha como título "Psicodrama da ética – o que você pode fazer para ter uma feliz-cidade?". Tinha como intenção criar com a população uma nova ética de governabilidade e gerar nela o sentido de pertencimento e de responsabilidade pelas coisas públicas.

A segunda experiência foi realizada em outubro de 2002 na Praça da República, no centro da cidade de São Paulo, e tinha como tema "Que país queremos?".

As duas experiências estavam incluídas em uma rede psicodramática que realizou vários psicodramas públicos simultaneamente. A primeira era uma rede dentro da cidade de São Paulo. A segunda, uma rede internacional, basicamente latino-americana.

Por que fazer psicodrama de rua

São Paulo é uma cidade enorme, de mais ou menos 18 milhões de habitantes. São diversas cidades dentro de uma só, com diversas etnias e camadas sociais. O tamanho da cidade, seu ritmo frenético, a busca pela sobrevivência, a concentração de riqueza e sua conseqüente desigualdade socioeconômica, geradora de violência urbana, própria do mundo moderno, tornam sua população extremamente individualista, agressiva e impaciente. O sentimento predominante entre os habitantes é de desconfiança. Não olhamos, não conversamos com o outro, estamos sempre com medo. Ser coletivo é algo extremamente fora de questão.

> Nos dias que correm, viver em São Paulo é risco de vida. Não apenas no sentido evidente da vizinhança com o crime e a violenta exclusão social, mas também no metafórico que Sartre definiu tão bem. A morte na alma é o resultado mais danoso da anestesia sensível e social que o cidadão paulistano experi-

> menta, gota a gota, pelo simples fato de viver num espaço público que recusa sua destinação precípua, sonegando a seu habitante justamente a coisa pública. Os esforços ingentes da administração local para a resolução de um problema geral do país ainda não conseguiram evitar que a alusão brechtiana da selva da cidade seja cada vez mais adequada ao estado de espírito e à inserção física do cidadão nesse caos urbano de princípio de milênio. (Telesi, 2003)

A criação coletiva de cenas psicodramáticas dos transeuntes da rua pode ser uma arma para energizar a cidade. Tira as pessoas de seu isolamento, amplia a idéia de si mesmo com a inclusão dos outros, para a construção da cidadania. O psicodrama nas praças de Viena nasce como a possibilidade de criação de novas vidas, de novas relações e novos grupos. O psicodrama nas praças de São Paulo reformula o espaço urbano. A praça não é só um lugar perigoso, mas um lugar de coexistência, um lugar de troca de idéias.

Os gregos inventaram o teatro para aprender a ser cidadãos. O psicodrama se inspira no teatro. Não no teatro burguês dos últimos três séculos, em que alguns dramatizam e a platéia assiste passiva e silenciosamente. No psicodrama todos devem ser atores, autores, espectadores – criadores responsáveis. São nossas histórias que criamos, das quais participamos, em que interferimos, que construímos e dramatizamos. Nossa cidade está precisando de atores, autores, espectadores criativos e responsáveis pela feliz-cidade. Queremos um país de autores responsáveis por sua história.

Bernard Dort (1976) liga o conceito de teatro público aos grandes momentos históricos de manifestação de um teatro da cidade, quando a cena era uma discussão coletiva da *polis*, como na Grécia do século V a.C. e na Inglaterra elisabetana. De certa forma, esses teatros são precursores de toda uma linhagem que pretende conjugar arte e popularidade, renovando o diálogo entre quem vê e quem faz.

São Paulo, sendo essa cidade tão maltratada, tão perigosa, tendo seus espaços públicos apropriados pelos marginais, precisa ser reanimada, reapropriada. O teatro de rua, o psicodrama de rua, pode ser um excelente instrumento para essa recuperação e reconquista. Contardo Caligaris propôs para as festividades dos 450 anos de São Paulo que historiadores, dramaturgos, encenadores e atores escrevessem e montassem peças sobre a história de São Paulo; não uma peça para os freqüentadores de teatro, mas um espetáculo em praça pública, no Vale do Anhangabaú, na Praça da Sé, embaixo do Minhocão... Seria produzida, cada semana, em um lugar diferente, animando a cidade inteira com sua própria história. Idéia fantástica! E se, além dos teatros, fizéssemos também psicodramas para essa comemoração?

Para que fazer psicodrama de rua

Encontrar o outro, falar com ele, ouvi-lo, perceber-se coletivo, co-criar. Sair do ensimesmamento. Sair do reducionismo e da ditadura que as mídias oficiais e os meios de comunicação nos impõem e determinam. Tentar ampliar a visão de mundo e das coisas. Apreender o mundo de outros pontos de vista, não só o dos telejornais e das novelas. Restabelecer o diálogo entre as pessoas.

O artista que busca um significado público para sua arte compreende que ele faz parte do coletivo com o qual vai dialogar, debater – um debate que pressupõe que o pensamento não seja único nem absoluto.

Onde estará o teatro em sua busca libertadora? Por que se apresenta em teatros fechados? Por que estamos longe do público se ele está na rua?

Essas são perguntas de um manifesto feito por um movimento teatral (Teatro contra a Barbárie) ocorrido na cidade de São Paulo, contra a espetacularização teatral. Mas são questões que também poderiam ser de um psicodramatista, não poderiam? Onde estará o psicodrama em sua busca libertadora? Por que se restringe aos consultórios fechados com uma ou duas portas? Por que estamos longe do público, se ele está na rua?

Segundo Silvia Fernandes Telesi (2003), ainda a respeito do teatro de rua, mas absolutamente pertinente ao psicodrama de rua, na economia simbólica de uma cidade violenta como São Paulo, descontínua, sem coerência estrutural nem marcos efetivos de localização, o grupo é quase uma inversão da geografia urbana, na medida em que ocupa espaços coletivos para reativá-los por meio do trabalho de teatro. Apropria-se de espaços urbanos, usando o corpo da cidade como material para intervenção. A intenção primeira desses trabalhos também é ativar certos marcos simbólicos, na sondagem dos mitos que eles possam conter e na esperança de restaurar as muitas cidades invisíveis que se escondem na poluída metrópole.

O teatro de rua, assim como o psicodrama de rua, interfere na paisagem urbana e na vida das pessoas, convidando-as a parar, a se olhar, a se comprometer ou mesmo se descomprometer publicamente. Transforma a rua num local de encontro e diálogo sobre os problemas atuais e cotidianos da comunidade. Na rua, o público é chamado a participar: precisamos transformar o espaço público em espaço de representação, participação; as histórias são criadas no palco improvisado. O público se aproxima ou se afasta, configurando novas cenas. Ao afetar o público, o tema é destacado e a cena desenvolvida. Existe uma magia, de ver a própria cena ser representada, ao mesmo tempo que pode ser modificada.

Representar, interferir, num cenário público, a rua, deve criar nos indivíduos o não-lugar, o novo. Restabelece a potência humana, ao devolver a possibilidade de participar. Esse é o objetivo do psicodrama de rua. A transformação instantânea da platéia em palco. A diminuição da distância entre criador e criatura. A postura ativa da platéia do psicodrama, em detrimento da postura passiva da platéia burguesa do teatro convencional.

> Deixar o teatro para ir aonde? À igreja? À fábrica? Ao palácio dos novos-ricos? À casa do povo? À praça pública? Pouco importa o lugar desde que os que aí se juntem tenham a necessidade de nos ouvir, e que nós tenhamos algo a lhes dizer ou a lhes mostrar, e desde que este lugar seja animado pela força da vida dramática que está em nós. Se não sabemos para onde ir, vamos para a rua. Que nós tenhamos a coragem de mostrar que nossa arte não tem asilo, que não conhecemos mais nossa razão de ser e não sabemos mais de quem esperá-la. Para a aventura até que não tivermos encontrado, para aí fincarmos nossa barraca, o lugar do qual poderemos dizer: aqui está nosso deus e nosso país. (Copeau, 1976)

Nessas lindas e elucidativas palavras de Copeau, encontro a reiterada justificativa de continuar fazendo psicodrama em espaços fechados, como tem sido a maior parte da minha experiência e dos psicodramatistas de modo geral. Porém elas também me estimulam a fazer psicodrama de rua, para todos os que quiserem participar, para todos os que quiserem produzir uma cidade melhor, para todos os que quiserem subverter a ordem individualista, a ideologia hegemônica desta cidade e deste mundo. Produzir novos cenários urbanos. Novas convivências. Novas éticas. Novas pessoas.

O psicodrama, assim como o teatro de rua, é uma prática social. Portanto, um campo político de luta e de criação de sentidos. Criador, criação e criatura num movimento circular ininterrupto.

O psicodrama é um instrumento político, tanto mais que possibilita a criação de novos sentidos e significados. Novas versões e múltiplas verdades.

Pois o potencial analógico, criativo e artístico dessa metodologia favorece a ruptura de padrões hegemônicos e normativos de relações humanas, prescritos por uma sociedade disciplinar e uma racionalidade causalista, linear e determinista.

Nesse sentido, como uma "caixa de ferramentas" o psicodrama apresenta enunciados que fazem aberturas a uma insurreição de saberes, contrariando um padrão normativo de condutas, sentidos, significados e verdades.

Como fazer psicodrama de rua

O dia 21 de março de 2001 foi sem dúvida alguma um marco na história do psicodrama do Brasil com o "Psicodrama da cidade – o que fazer para ter uma feliz-cidade", organizado por uma rede de psicodramatistas de São Paulo, quando foram realizados psicodramas em diferentes lugares da cidade.

Nesse dia fiz minha primeira experiência psicodramática em praça pública, num espaço público. A metodologia psicodramática até então utilizada em espaços fechados teve de ser repensada, visando à direção em espaços públicos e abertos. Algumas adaptações e mesmo alterações, ou novas conceituações, tiveram de ser realizadas – o psicodrama de rua foi sendo gestado.

A outra experiência a que me referirei é outro psicodrama de rua que dirigi e foi organizado por uma rede internacional de psicodramatistas, desdobrada da primeira rede. "Que país queremos?" foi o nome desse segundo psicodrama, pela comemoração do Descobrimento da América.

Nas duas experiências, trabalhei com uma equipe de psicodramatistas, atores profissionais, que funcionaram como egos-auxiliares nas dramatizações, na escuta e observação da platéia, nos diferentes momentos do evento. Além dessa equipe, contei com uma pessoa para a filmagem/fotografia. Ao todo, éramos uma equipe de 10 pessoas.

A seguir, farei um breve relato para podermos discutir a metodologia psicodramática em espaços abertos e suas implicações sociais, objeto deste capítulo.

Relato 1 – Praça dos Omaguás

Na Praça dos Omaguás, começamos com uma grande roda em silêncio para ouvir os barulhos da cidade. A partir desse exercício, surgem alguns comentários sobre o motivo para aquelas pessoas estarem ali. A partir da sugestão de um participante, começamos a contar a história da construção da praça... Cenas são montadas, novas intervenções feitas, outros assuntos abordados, como a diferença de tratamento dado pela iniciativa privada na construção das praças mais centrais e nas mais periféricas.

> – O problema não é da praça, é da cidade. Na periferia não existe investimento privado em praças públicas porque não dá retorno.

A praça como uma metáfora da cidade. Novas cenas. Novas intervenções. As diferentes maneiras do trabalho dos mais ricos e dos mais pobres. O palco foi, então, dividido. Metade era a construção da Praça dos Omaguás, metade era a construção da periferia.

– A construção da praça periférica é um trabalho mais silencioso, de "formiguinha". Na praça mais central o trabalho é mais monumental, mais grandioso.

Nesse momento pedi comentários da platéia sobre as duas cenas: constatei com a platéia como só sabemos valorizar o rico, o colorido, o grande, o hollywoodiano, o nosso padrão global. Como é difícil ver as pequenas construções, as "construções de formiga".

– O trabalho de "formiguinha" dá resultados. Na periferia a prática é outra, as pessoas escutam atentamente o que os outros têm a dizer, não saem simplesmente produzindo obras, à revelia da população.

Essa comparação levou ao tema da utilização do espaço público pela iniciativa privada, privatizando o espaço público.

Uma cena paralela acontece: a diferença de tratamento entre os brancos, negros e pretos.

– Preto pode falar? – pergunta um negro.

Outro participante negro retruca:

– Negro pode dar opinião, preto não!
– Negro é nos EUA, no Brasil é preto mesmo – afirma o primeiro.

Outros pequenos assuntos emanam do público flutuante, que vai construindo uma dramaturgia, com seqüências próprias, vivas e interessantes. É o psicodrama, a história, repetindo a construção da praça, que se constrói coletivamente.

Num simples, porém interessante, instante acontece a seguinte cena. Havia uma senhora que dizia ter tido uma participação ativa na construção e ocupação (real) da praça. Por causa dessa grande participação, procurava centralizar, no psicodrama, todas as informações referentes à praça, como se ela fosse "dona" da praça, real e da dramatização. Então alguém pergunta:

– O que são omaguás?

Essa senhora não sabia responder. Um cidadão, que havia se queixado da ocupação autoritária da praça, pois também participara de sua construção, explicou que omaguás eram aves parecidas com cegonhas, mostrando uma escultura de ferro dessas aves, que havia no centro da praça. Na escultura estava escrito – Calim Eid. Novamente a senhora "dona da praça" não soube responder quem era e por que aquele nome estava lá. Novamente o mesmo cidadão, que se sentia excluído de sua construção, nos esclareceu. Aprendi ao vivo que a história, assim como a ocupação de uma praça, se faz a muitas mãos. Assim como o enredo de psicodrama de rua.

De um lado, havia pessoas magoadas por não terem sido consultadas para o projeto da praça. Sentiam o modo autoritário e colonialista de ocupação, principalmente por parte da iniciativa privada. Da outra parte, estavam as pessoas físicas que tinham colaborado com esse projeto de recuperação da praça e se sentiam magoadas, porque sua colaboração não estava devidamente reconhecida e respeitada.

Às vezes confuso, mas com um aquecimento que manteve o foco do psicodrama, o enredo sobre a construção da praça, com seus ganhos, suas perdas, suas alegrias, suas mágoas, foi sendo desenvolvido, revelado, com a participação de todos.

Como se fosse uma rima com o nome da praça, uma participante deu o seguinte título ao psicodrama: "Os omaguás magoados". Na cena-foto final, um participante, não sei dizer se drogado, bêbado ou ainda com alguma neuropatia, alguém enfim que definitivamente ocupa o lugar de excluído social, improvisa um *rap*, contando tudo o que tinha acontecido na praça. Todos escutam atentamente. Uma inclusão que dificilmente acontece, mas podia ser vista ali, de formas muito verdadeiras, dignas, conseqüentes. Assim como o *rapper*, cada participante tem uma história para contar sobre o que viveu. Mas não é sempre assim? Cada cabeça uma sentença... *Ops*, uma história.

Relato 2 — Praça da República

Na Praça da República, o psicodrama começou com um texto escrito por mim referente ao tema proposto: "Que país queremos?". O dia 12 de outubro caiu num sábado, entre o primeiro e o segundo turno das eleições presidenciais de 2002. Era um tema muito atual e palpitante para qualquer brasileiro. Após a leitura do texto, surgiram entre os participantes comentários sobre que país queriam. A partir do comentário de um participante sobre um Brasil mais justo, que dividisse a renda, abrimos uma roda e com as mãos fizemos um jogo de divisão de renda (metáfora). Usamos um jogo para representar o conteúdo do participante.

Uma senhora olha a cena e diz que quer um país unido. Ela monta uma roda com as pessoas que já estão participando para ilustrar o país unido. Mas ela fica de fora. O grupo a inclui.

Surge, então, o tema da religião, que também deveria unir, mas separa. Separação entre as diferentes religiões, assim como entre elas e seus fiéis. Monta-se uma cena dessa separação.

– Quando há união há força.

Mas logo surge outra perspectiva do assunto.

– Enquanto ficamos discutindo religião, a situação do Brasil está feia.

Monta-se uma cena da situação feia do Brasil. O único contato entre os participantes da cena é pelo bolso – roubando o outro, idéia sugerida por alguém da platéia ao ver a cena sendo montada.

As cenas vão sendo montadas pelos egos-auxiliares e modificadas pelo público.

– Ajudem o Brasil – pede um participante.

Nova cena, dessa vez com a colaboração dos participantes em geral: pessoas tentam levantar o Brasil. Alguém diz:

– O problema é os políticos que não deixam o Brasil levantar.
– Como podemos nos unir se as pessoas, as ideologias são tão diferentes?

O enredo foi se construindo assim, entre a união/desunião do povo brasileiro, a diferença entre os brasileiros, na metáfora da Igreja (como se fosse o país), cujos interesses econômicos deixam milhões de pessoas sem amparo.

– Mas cobrando o dízimo.

– O pior é o povo brasileiro que não consegue se unir.

Para sair da posição de pedinte, de reclamação, um participante sugere:

– A gente precisa participar, a gente precisa cobrar os políticos sobre as promessas feitas em campanha.

Monta-se uma cena entre o eleitor e o político corrupto. Duas pessoas do próprio público dramatizam essa cena. Nela, o conflito era a cobrança das promessas de emprego. O político tenta neutralizar a cobrança do povo e desenvolve-se o tema da corrupção dos políticos, da corrupção do eleitor, da desconfiança entre eles e do desânimo deles. O emprego, a fome, a pobreza perdem espaço na discussão. Ganha destaque o tema da corrupção. Novamente o Brasil fica dividido/desunido entre os corruptos (os que só pensam neles) e os necessitados (os que pensam em todos).

– O Brasil está com cinco cânceres. Ele não sabe como se unir.

Existe o Brasil que quer se unir e o Brasil que não consegue se levantar. Para representar esse Brasil, monta-se uma cena (contada por um participante) de uma mendiga deitada na rua e um policial que bate nela para se levantar e desocupar o espaço público. Concomitante a essa, monta-se outra cena, em que duas vizinhas se ajudam, emprestando açúcar uma a outra, ilustrando o Brasil que quer se unir. Alguns comentam que a cena da vizinha é o mundo da ilusão e a do policial é o mundo real. Surgem novas discussões explicitando diferentes pontos de vista em relação ao Brasil entre os participantes. Aparece o medo de as pessoas se unirem e de todos ficarem corruptos. Medo de se contaminarem. Como numa peça de teatro, é só no final que podemos entender toda a trama. Mas, apesar deste medo, alguém diz:

> – Todo brasileiro tem que ser teimoso. Temos que agir de forma coletiva. Unir, apesar das diferenças.

Alguns comentários finais parecem querer demonstrar a teimosia do brasileiro. Mesmo com o perigo da "contaminação", vamos correr o risco e nos unir. E nessa praça podemos ver sinais dessa teimosia, desse risco, mas também desse medo. Todos unindo-se para fazer esse psicodrama.

Antes de entrar propriamente na discussão da metodologia, queria destacar a importância da câmera de vídeo e do microfone no psicodrama de rua. Tecnicamente falando, a profusão de opiniões e comentários que surgem no espaço aberto pode ficar mais organizada e mais audível quando se faz uso desses instrumentos. Eles funcionam como organizadores do grupo, que ajudam muito na sua direção e condução. A câmera cria o espaço cênico propriamente dito. O microfone evidencia a fala.

Passemos então à discussão da metodologia psicodramática do psicodrama de rua, tendo como referência essas duas experiências relatadas.

O DIRETOR

O diretor de um psicodrama de rua, mais que nas outras modalidades psicodramáticas, precisa estar muito atento, com os olhos, ouvidos e coração dirigidos ao público, além de ter grande tolerância ao caótico. As intervenções dos participantes, dos que ficam e dos que passam, não devem transformar-se numa tribuna de reclamações (como o *speech corner* no Hide Park, em Londres).

As participações não são lineares e produzem microcenas, que, ao serem reveladas no "palco", aos poucos transformam a platéia num grupo; o contexto social passa a ser grupal, de onde surgirão os emergentes grupais, os protagonismos.

Quero dizer com isso que cabe à direção, como um maestro de uma orquestra, ouvir, enxergar e reger as intervenções espontâneas do público, para que elas se transformem em trama grupal, diálogo, e não fiquem, simplesmente como participações individuais, queixumes isolados. O diretor não deve ser um controlador da participação do público, mas um facilitador e coordenador dessas participações, para que os participantes possam ir se expressando, dialogando, criando afetações, implicações, grupalizando (Davoli, 1997, p. 51), num ambiente permissivo, acolhedor e ressonante.

A orquestração feita pelo diretor desses depoimentos, diálogos, faz emergir com muita riqueza as tramas sociais que compõem o contexto grupal e posteriormente o psicodramático, revelando, pouco a pouco, a narrativa-conflito do grupo.

Tanto a construção da Praça dos Omaguás como a união–desunião do povo brasileiro na Praça da República ilustram as tramas grupais.

O AQUECIMENTO

Em 1997 publiquei na *Revista Brasileira de Psicodrama* um artigo intitulado "Aquecimento – caminhos para a dramatização". Estabeleço nele cinco subetapas do aquecimento:

- ambientação;

- grupalização;
- preparação para o papel do ator;
- preparação para o papel do autor;
- preparação da platéia.

Como naquele momento, minha experiência era basicamente em direção psicodramática em espaços fechados, mesmo que públicos (Davoli, 1990). Essas etapas funcionaram e continuam funcionando nesta modalidade. Na direção da rua, porém, essas etapas tiveram de ser revistas. Transformar o agrupamento em grupo, reconhecer o espaço físico para a representação, promover com os participantes a possibilidade de serem atores e autores do enredo a ser desenvolvido, assim como instrumentá-los para que possam ser uma platéia ativa, participante e comprometida, deve continuar sendo meta do diretor de psicodrama de rua. Afinal, o aquecimento é a matéria-prima da criaturgia grupal.

Contudo, observamos na direção na rua que essas etapas não são tão definidas no tempo e no espaço, como acontece nos ambientes fechados. Uma etapa do aquecimento se mescla com outra e essas com a própria dramatização. Na rua, o agrupamento/grupo sofre alterações o tempo todo, seja pelo acréscimo ou pela subtração de pessoas, pelos barulhos urbanos, pelas intempéries. O aquecimento deve ser, então, pensado de forma peculiar nessa modalidade. O diretor e sua equipe devem permanecer atentos para que o grupo, seja ele quem for, possa se manter focado no projeto dramático em andamento. Ao mesmo tempo, devem esclarecer as pessoas que vão chegando ao local sobre o que está acontecendo, assim como coletar essas novas contribuições.

O aquecimento deve dar conta e considerar tudo isso. Nesse ir e vir de etapas de aquecimento e dramatização, o enredo vai sendo desenvolvido e ampliado. A própria dramatização funciona como aquecimento para novas sugestões, novos diálogos, transformando o psicodrama de rua quase que numa metodologia própria.

Na rua existem o aquecimento de aproximação e o aquecimento de manutenção. O primeiro cria um foco de ação. Esse aquecimento deve causar grande impacto no espaço e no povo presente. Deve ser uma convocatória para os transeuntes. Deve despertar o interesse na multidão. Na Praça dos Omaguás, participou uma atriz com pernas de pau, que às vezes andava pela praça, convocando os espectadores distantes. Na Praça da República, usei um texto lido dramaticamente por um ego-auxiliar.

O segundo, o aquecimento de manutenção, é o que desenvolve esse foco, "que não deixa a peteca cair", que garante a continuidade da história feita por um grupo mutante e mutável. Os aquecimentos, junto com as dramatizações, vão criando naquela praça, naquela rua, uma textura diferenciada. O papel do diretor e sua equipe, ajudados por seus instrumentos – microfone e vídeo –, é desenvolver uma narrativa dessa textura.

O PROTAGONISMO

Na minha prática psicodramática tem acontecido o seguinte: após um aquecimento de formação de um grupo, um tema emerge, surge uma interlocução. A cena é dramatizada. O grupo converge sua atenção para a cena. Novos participantes. Novo agrupamento. Novos emergentes. Novas interlocuções. Outros aquecimentos. Novas cenas. A continuidade vai se dando por esse fluxo de pessoas, de emergentes, de cenas interrompidas. As dramatizações são como disparadores de assuntos, como ampliações de cenas humanas, como espelhos dos homens. Rápidas. Quase instantâneas. E trazem multiplicidade de sentidos, multiplicidade de ações dramáticas. Ao final, o "espetáculo" está pronto. Pela primeira vez. Pela última vez!

Numa sessão tradicional de psicodrama (Davoli, 1997), a dramatização é centrada no protagonista, co-criada pelo resto do grupo. O protagonista, segundo Luís Falivene Alves (1994), é o emergente dos estados co-conscientes e inconscientes de um projeto dramático comum a um grupo. Ele é o representante emocional das relações estabelecidas, o questionador, o decifrador, o modificador, o combatente do drama comum. O protagonista, ainda segundo o autor, é um elemento do contexto psicodramático, advindo do contexto grupal como emergente grupal.

Protagonista, na definição de Moreno (1993), significa

> o homem tomado de frenesi, um louco. Um teatro para o psicodrama é, portanto, um teatro do homem enlouquecido, um público de loucos que olha para um deles, que continua sua vida no palco.

Será que com essas definições de protagonista podemos pensar em protagonista no psicodrama de rua? Se considerarmos a dramatização centrada na história de um único protagonista, emergente do grupo, é possível falar que o psicodrama de rua produz protagonistas? Poderíamos chamar de protagonista esse representante do grupo, que muda conforme o grupo/agrupamento se modifica? E, se o protagonista é um elemento do contexto dramático, poderíamos dizer que aquele contexto dramático na rua é um contexto dramático ou ele está absolutamente confundido com os outros contextos?

Poderíamos chamar de protagonista esses atores/autores que vão ao palco e contribuem com uma pequena parte da narrativa? Poderíamos chamar de contexto dramático esse espaço–tempo bastante atravessado pelos outros contextos em que o emergente grupal representa seu drama?

Além disso, como o encadeamento da narrativa não se dá na etapa da dramatização, com começo, meio e fim, como no psicodrama tradicional, mas pela intercalação de aquecimento–dramatização–um tema sugerido, faz-se uma dramatização, ocorre novo afluxo de pessoas ao grupo, há novas interferências, novas perspectivas do tema – os atores–protagonistas–combatentes, loucos poderiam merecer esse nome?

Penso que não existe um ator protagonista, mas cenas protagônicas co-criadas, discutidas e problematizadas durante todo o tempo. As cenas com seus próprios atores (protagonistas?) devem ser curtas, uma vez que nas praças a atenção é flutuante.

Portanto é no encadeamento das cenas, protagonizadas por diferentes atores, que o drama/trama daquele grupo vai se desvelando. As microcenas criam um diálogo cênico, desenham o fio condutor imaginário da narrativa, que ao final pode ser revelado. Nesse sentido, o conceito de protagonista poderia ser usado em cada microcena, mas a função de revelação da trama grupal no psicodrama de rua seria responsabilidade desse coletivo de acontecimentos – grupo, protagonista, barulhos, instrumentos, equipe, diretor. Por isso prefiro substituir o conceito de protagonista por *cenas protagônicas*, vividas por atores espontâneos, que emergem dos diferentes contextos grupais, nos diferentes momentos do evento, revelando os diferentes emergentes do(s) grupo(s).

Na Praça dos Omaguás, "Como fazer para ter uma feliz-cidade", o protagonismo que prevaleceu foi o da construção da praça. Mas as intervenções e interrupções ocorridas puderam revelar o subtexto dessa construção, como as mágoas surgidas pelo desrespeito, o uso dos espaços públicos pela iniciativa privada nas diferentes regiões da cidade, nas mais ricas e nas mais pobres, as participações que são permitidas e as que não são permitidas (negros, pobres etc.).

Na Praça da República, a questão da união/desunião do povo brasileiro foi a cena protagônica. A responsabilidade dos políticos, a impossibilidade de viver com o diferente, a intransigência traziam seu subtexto.

COMPARTILHAMENTOS

A partir de um psicodrama de rua, podem ser criados nova relação, novos grupos, novos sentidos? Poderíamos pensá-lo como uma prática social? É a utopia moreniana se fazendo realidade?

Pode ser temerário tentar concluir alguma coisa após somente duas experiências, mas vamos correr um pouco esse risco, pois acho que vale a pena. É um risco parecido a ir a uma praça com uma equipe, um microfone e um vídeo, e propor um psicodrama. Vertiginoso! Emocionante!

Essas são algumas ressonâncias que pude perceber a partir dessas duas experiências. Vou identificar algumas impressões e comentários que surgiram nas praças, misturando impressões minhas e de minha equipe, num relato pouco organizado, espelho do "caos" que acontece no psicodrama de rua, para que cada leitor deste artigo possa fazer sua própria narrativa – e isso possa servir também para esboçar um desenho das conseqüências desse trabalho.

– Que bom chegar perto de gente em São Paulo.

– Vi muito pouco, mas gostei muito. Espero vê-los bastante.

O melhor resultado dessas atividades é trazer de volta o encontro na rua. A ocupação, ou melhor, a reocupação do espaço público.

A rua – espaço público – pode ser o *locus* de um psicodrama. Como diz Marilena Chauí, no posfácio de *Descolonizando o imaginário* (Naffah, 1997, p. 297):

> Se a função terapêutica do psicodrama tem sentido, este consiste em abrir a porta para fora do recinto do consultório, em colocar uma escada que se possa descer do palco e viver o drama dos homens na companhia deles.

Mais do que falar de intimidades, é possível ser afetado por pessoas desconhecidas, unidas num mesmo projeto, e criar outro tipo de convivência, abrir-se para novos mundos e novos sentidos.

Quando vi, estava rodeada por pessoas estranhas ao meu ambiente rotineiro. E dialogamos, criamos novos sentidos para os temas propostos.

Que país queremos?

Um país onde não tenhamos medo de nos contaminar.

> – Um país que esteja de pé, não deitado.

Deitado eternamente em berço esplêndido.

Como fazer para ter uma feliz-cidade?

Aprender a nos "apropriar" de uma praça pública, sem nos tornarmos donos, mas cuidando dela para que não a destruam. E eventualmente deixando acontecer coisas que não sejam exatamente como eu faria, mas com a participação de outros. Afinal, ela é pública e coletiva. A praça é do povo.

Desconfiança? Por um momento a palavra de ordem pôde ser confiança.

Saí dessas praças podendo reconhecer e valorizar meu trabalho de formiga (psicodramatista), com toda minha equipe. Uma construção com memória, com empenho, com pessoas mais ou menos disponíveis. Esse sentimento foi compartilhado por muitas pessoas, nos sentíamos muito importantes. Incluídos e inclusivos, responsáveis, com uma sensação de quero mais. Com vontade de viver mais o coletivo, de viver mais o espaço público, de nos responsabilizar pela *res publica* (coisa pública).

Como já foi dito, o psicodrama nas praças de Viena nasce como a possibilidade de criar novas vidas, novas relações, novos grupos. Este psicodrama possibilita e reedita essa utopia.

É assim que nasce a utopia moreniana. É assim que vem nascendo a utopia brasileira, ao ocupar o espaço público fazendo psicodrama, esses "teatrinhos amadores", como batizou com tanta acidez um jornalista da revista *Veja,* bastante mordaz e destrutivo, cujo nome prefiro omitir, por ocasião do Psicodrama da Cidade (março/2001).

É um "teatrinho" para fazer, não para ver como um espectador passivo. Ele não é feio nem bonito. É emocionante! É um "teatrinho" que não obedece à linguagem espetacular do cinema hollywoodiano ou ao padrão global de qualidade, mas, para quem participa, é possível experimentar a dor e a delícia de ser o que é. A vida como ela é, como ela pode ser, como gostaríamos que fosse.

O psicodrama de rua não é feito para ser olhado, mas para ser vivido e, se possível, para ser transformador da vida.

Por um momento, tive a impressão de que essa semente da nova vida, da nova relação, de novos grupos, estava sendo semeada, tanto naquele 21 de março histórico, como naquela manhã quente na Praça da República.

> Eu queria render homenagens àqueles, dentre nós, brasileiros, que têm se empenhado na direção sociátrica moreniana. Refiro-me ao crescimento e à criatividade dos vários grupos e escolas de Teatro Espontâneo, grupos que fazem trabalhos sociodramáticos. Também me encantam as possibilidades de usar o teatro como meio de trabalhar grandes grupos, enfim, acho que nós brasileiros temos algo da ousadia moreniana necessária para levar adiante este projeto social. (Cukier, p. 69, 2000)

Assim como tenho feito parte de todo esse movimento de teatro espontâneo a que Cukier se refere, quero também render homenagem a todos os que têm participado dessa aventura ousada e criadora que é fazer psicodrama em espaços abertos, e que vem acontecendo cada vez mais na cidade.

Estamos em fase de aquecimento ou já estamos dramatizando ou isso ou aquilo ou tudo isso? Esse projeto social está em andamento. Tais como diretores de psicodrama, não podemos "deixar a peteca cair". O *show, ops,* o psicodrama de rua deve continuar...

Referências bibliográficas

ALVES, L. F. R. O protagonista: conceito e articulação na teoria e na prática. *Revista Brasileira de Psicodrama,* São Paulo, v. 2, f. 1, p. 49, 1994.

COPEAU, Jacques. *Teatro de rua.* São Paulo: Hucitec, 1976.

CUKIER, Rosa. O psicodrama da humanidade. Utopia: será? *Revista Brasileira de Psicodrama,* São Paulo, v. 8, n. 1, p. 69, 2000.

DAVOLI, Cida. Aquecimento – caminhos para a dramatização. *Revista Brasileira de Psicodrama,* São Paulo, v. 5, n. 1, p. 51, 1997.

________. Psicodrama e sociodrama – uma caracterização. *Revista Brasileira de Psicodrama*, São Paulo, ano 1, n. 2, p. 25, 1990.

________. O teatro espontâneo e suas terminologias. *Revista Brasileira de Psicodrama*, São Paulo, v. 3, f. 1, p. 15, 1995.

DORT, Bernard. *Théâtre public*. Paris: Seuil, 1976.

MORENO, J. L. *Psicodrama*. São Paulo: Cultrix, 1993.

NAFFAH, A. N. *Descolonizando o imaginário*. São Paulo: Plexus, 1997.

TELESI, Silvia Fernandes. *Teatrocidade*. Projeto enviado à Secretaria Municipal de Cultura de São Paulo para o Programa de Fomento ao Teatro, 2003, p. 1.

6

Terapia de rua e cidadania

MARIA APARECIDA JUNQUEIRA ZAMPIERI

Descrevemos neste capítulo uma experiência que vem sendo estudada nos últimos quatro anos. Trata-se do projeto Terapia de Rua & Cidadania, desenvolvido em locais públicos por meio do teatro espontâneo, com o objetivo de socializar as oportunidades aos serviços da saúde, orientar, estimular a responsabilidade pela própria saúde e bem-estar, pesquisar e dar alento à população.

Após vários locais, o projeto fixou ponto com encontros quinzenais na estação rodoviária de São José do Rio Preto e na Associação Amigos da Criança com Câncer (AMICC), para psicoterapia em grupo, além de encontros de duração única, tal como o dia mundial da saúde, e pesquisas com temas específicos e em intervenções em rede para a desconstrução de relações de codependência (Zampieri, 2004*a*). Acompanhanos uma equipe de psicólogos e estudantes de psicologia, bem como uma equipe de enfermagem. Neste capítulo descrevemos ainda algumas atividades incluídas no projeto, que ilustram a metodologia.

Justificativa da relevância da intervenção

A saúde é um problema que se reflete em todos os aspectos da vida. Por outro lado, preservá-la tornou-se uma questão pública, muito mais talvez que uma necessidade privada, pois que a doença onera com uma fatia importante a fatura administrativa. No entanto, algumas questões se arrastam, parecendo criar mesmo dependências de doentes que sustentam empregos e justificam projetos sociais (Zampieri, 2004*a*).

Estudos recentes demonstram correlações entre a codependência e a incidência de sintomas, bem como sobre a freqüência de consultas (Zampieri, 2004*b*). Cerca de 80% dos pacientes atendidos em locais de socorro primário apresentam queixas somatizadas que muitas vezes respondem a simples tranqüilização ou são marcadas para avaliação de sintomas comuns, como tonturas, dor no peito e cansaço, quase sempre sem causação orgânica que as justifique.

Além disso, segundo autores como Lipowski (1988), Servan-Schreiber, Kolb e Tabas (2003) e Righter e Sansone (2003), o paciente que somatiza usa alta quantidade de recursos de atendimento à saúde. Além do que, pelo contrário, muitas vezes apresentam-se alterações orgânicas que merecem atenção e não são do conhecimento público, como alterações na pressão arterial, glicemia e depressão.

Entendemos que cidadania vincula-se à consciência de si mesmo como parte de um contexto, influenciado e influenciando-o, vincula-se à responsabilidade por si mesmo no mundo e pela própria saúde, pelos recursos próprios e públicos. Portanto, requer um desenvolvimento mínimo em direção ao segundo universo da matriz de identidade moreniana. Assim, pretendemos abordar uma intervenção gratuita que intenta alertar o público em geral, impactando a compreensão sobre a doença, encaminhamentos pertinentes e a quebra de preconceitos contra psicoterapia, tratamentos medicamentosos e o uso responsável dos recursos na saúde. A OMS estima que a depressão será a segunda maior causa de incapacitação para o trabalho nos próximos 20 anos. Esperamos contribuir com algum modelo que possa ajudar a diminuir esse impacto social.

Reflexos da saúde psíquica vêm sendo cada vez mais admitidos e associados não só com o desempenho social, como também com as estruturas orgânicas. O próprio câncer, que ainda é alvo de grande tabu na sociedade em geral, tem sido relacionado não apenas ao psiquismo individual, mas também à funcionalidade sistêmica. Tanto na evolução da doença como também no processo de cura, Dobkin, Poirier e Bonny (1995) alertam sobre influências de fatores familiares sobre a evolução e o sucesso do tratamento do câncer e no transplante de medula óssea. Apresentaram um estudo de caso em que, "a despeito de um razoavelmente bom prognóstico, a disfunção da dinâmica familiar [...] aparece como contribuinte para a morte da paciente" (Dobkin *et al.*, 1995, p. 103-4).

Além disso, na perda, algumas mães congelam a própria vida e a maternidade em relação aos demais filhos. Neste trabalho, leva-se em conta a relação familiar como matriz afetiva de crianças submetidas a tratamento de câncer, propondo-se condições que possam minimizar impactos relacionais negativos no sistema familiar dessas crianças.

Objetivos

O projeto Terapia de Rua & Cidadania, na orientação ao público sobre saúde como um dos alicerces à cidadania, atendeu em torno de 600 pessoas que tiveram acesso a uma sessão de psicoterapia com encontro único, além das orientações e dos encaminhamentos quando apresentavam pressão arterial alterada e perfaziam critérios, por um inventário simplificado, para depressão.

Na AMICC, a psicoterapia de grupo visava, por um lado, alterar as condições emocionais dos familiares como matriz afetiva de crianças em tratamento de câncer, e, por outro, minimizar o impacto da perda para aquelas mães de crianças que tinham ido a óbito. Iniciou com pais de crianças em tratamento e, por solicitação dos presentes, incluíram-se no segundo grupo mães que perderam o filho, porém continuaram perdidas e freqüentando a casa.

Metodologia

O projeto Terapia de Rua & Cidadania tem várias vertentes. Apresentamos duas: atendimento e orientação ao público geral, e atendimento às famílias de crianças em tratamento contra o câncer no Hospital de Base de São José do Rio Preto, de cidades distantes, que permanecem na casa da AMICC, ou da própria cidade, que comparecem para a terapia.

Em ambos utilizamos o teatro espontâneo: no primeiro, a trupe servia-se do psicodrama público; no segundo, da psicoterapia tematizada de grupo. Esse grupo nasceu de uma exploração metodológica do teatro espontâneo e das possíveis influências sobre a saúde. Partiu-se da proposta moreniana sobre o encontro e o potencial do psicodrama, bem como da vontade de compreender alcances e limites de um método com formato próprio para uma intervenção com encontro único. Assim, podemos dizer que o projeto ganhou a rua em busca de sujeitos e ganhou a AMICC por convite da diretoria da associação. Mantém-se desde a origem composto por um diretor em psicodrama, um sociômetra e *cameraman*, uma equipe com três a oito atores espontâneos, psicólogos e estudantes de psicologia, identificados por uniforme preto, luvas e máscara branca, e uma equipe da enfermagem, com três a seis pessoas, também uniformizadas.

Fase preparatória: na estação rodoviária, equipe e transeuntes iniciam um aquecimento para a terapia, estabelecendo canais multiveiculares internos-externos, valendo-se do jogo, do ritual, da imagem, ação e até da linguagem. Na seqüência, aquecimentos inespecíficos e específicos.

Temos dirigido o grupo em todas as intervenções. A equipe, já muitas vezes alterada, contou sempre com a participação do Roberto Zampieri, responsável pela logística, ego e *cameraman*. Como atores espontâneos, estiveram ou estão conosco os psicólogos Milene Isabel Ferraz, Edna Rodrigues Matos, Ana Helena dos Santos Abel, João Antonio Galbiatti Filho, Márcia Polacchini C. da Silva, Vinicius S. Saraiva e as estudantes de psicologia Marina Junqueira Zampieri, Isabela Soares Viterbo e Marina Gajardoni.

Na rua, as pessoas aproximam-se por curiosidade e para medir a pressão. Após orientação sobre os objetivos do projeto e sobre saúde, são convidadas a participar da psicoterapia pública, de onde surgem protagonistas. Falam sobre sua angústia, ocorrências, preocupações ou alegrias. Assistem a seu drama e contracenam com seus personagens internos ou do seu átomo social, vivenciados pelos atores espontâneos. A pressão arterial dos protagonistas é medida antes e depois da intervenção.

Na AMICC não se usa máscara e não participa a equipe da enfermagem. A instituição tenta manter "toda parte diretamente ligada ao tratamento" restrita ao hospital. Mantêm-se dois grupos de psicoterapia abertos a familiares das crianças em tratamento, que podem participar quinzenalmente, e, mais recente, a mães de crianças que foram a óbito. Os grupos são heterogêneos e bastante flutuantes. Trabalham-se, sem compromisso de continuidade, as emergências do grupo. O tema é escolhido a cada encontro. O número máximo de participantes foi 17. Muitas vezes existem familiares na casa que não querem participar da psicoterapia, tampouco qualquer contato com o que se refere à doença.

RESULTADOS

Falar sobre resultados de uma experiência em curso pode ser pouco objetivo. No entanto, o projeto na rua deu margem ao registro de cinco depoimentos de pessoas com intenção suicida, que mudaram de idéia e retornaram para nos comunicar o fato. O último, após ter participado da psicoterapia, compareceu seguidamente. Ficava nos observando a distância, até que um dia se aproximou, compartilhou e agradeceu. Ressaltou a importância da oportunidade de ter assistido ao seu próprio drama, tê-lo visto de fora e interagido com ele em um momento crucial em que se via só e sem alternativas.

> Naquele dia eu tinha certeza que o HIV ia dar positivo, pra que ficar esperando então?
> Agora já sabia o resultado do exame, que por sinal dera negativo.
> Teria me matado por nada. Hoje sou mais cuidadoso. Mas não foi esse resultado, foi o que vocês fizeram que me salvou. É muito importante isso que vocês fazem aqui. Eu tenho vindo e fico olhando, tem muita gente em desespero. Eu nem sei se o que tão falando é aquilo que eu to pensando. Me ajuda resolver coisas que são minhas.

Essa experiência nos levou a uma pesquisa que utiliza um breve questionário com critérios para a depressão segundo a CID-10, que temos denominado "Como vai seu ânimo?". É composto por dez questões com a orientação para assinalar as mais coerentes com o estado atual.

Na estação rodoviária ganhamos ponto. Tem gente que vem por indicação, que volta para dar um *feedback*, para outra brevíssima sessão. Em torno de uma hora, de 7 a 18 pessoas têm vez. Poder assistir a seu drama traz um foco diferente do habitual, coloca o protagonista em espelho diante de facetas abstratas ou de interações que acreditava serem diferentes ou confirmadoras daquilo que pensava estar fazendo consigo e/ou com o outro.

O psicodrama permite a utilização de múltiplos canais de comunicação (Moreno, 1983). Talvez isso explique como em tempo médio tão curto, poucos minutos, é comum o *insight* ali, diante de nós.

Nessa experiência alguns itens merecem observação:

- em torno de 70% dos participantes têm um *insight*, se emocionam, agradecem;

- em torno de 20% dos participantes afirmam estar muito bem, não são convidados ao psicodrama (por vezes, segundo o diretor, poderia não ser suficiente para o momento ou não ser recomendável, pois eles poderiam entrar em surto), sendo apenas orientados sobre sua saúde, ou simplesmente não aceitam participar;
- o restante assiste e nega ou não entende tratar-se de sua história;
- dos registros, 69,04% dos participantes tiveram sua pressão arterial alterada, sendo comparada antes e depois da intervenção. As maiores alterações constatadas foram de 100 x 60 para 130 x 90; 160 x 90 para 140 x 110; 140 x 120 para 150 x 100;
- 23,72% foram orientados a procurar os serviços de saúde em função da pressão arterial que apresentavam.

Fase da dramatização no projeto Terapia de Rua & Cidadania. A equipe é mista. Compõe-se da unidade funcional do psicodrama, pela qual atores espontâneos contracenam com o protagonista enquanto profissionais da enfermagem registram a pressão arterial dos transeuntes.

Sobre a experiência na AMICC, também temos mais perguntas que proposições. Faz dez meses que temos vivido desafios tais como descobrir quanto se precisa aquecer – e como fazê-lo com um grupo aberto – e quais temas podem a um tempo ajudar a enfrentar algo que se quer negar. Ocorrem sessões com muitos presentes, seguidas por várias ausências, avanços e recuos. Os temas mais emergentes até o momento foram:

- situações familiares, com toda sorte de dificuldades anteriores e/ou concomitantes à doença;
- relação conjugal;
- dificuldades com os filhos;
- relação com o câncer;
- dificuldades por deixar a família e viver em função da doença do filho.

Discussão

Na intersecção psicodrama–teoria sistêmica, mergulhos por trampolins diferentes parecem viáveis ao olharmos o ser humano por meio de conceitos morenianos.

Podemos olhar para o sistema homem-em-ação e suas dimensões.

O desempenho de papéis depende de sua dupla e indissociável dimensão relacional e individual. O com quem e o como agimos revelam o "quem somos". Para Moreno (1987) somos produto da função *geta*, ou seja, além das heranças genéticas e ambientais, contamos ainda com os fatores *tele*, em nosso aspecto relacional, e espontaneidade, em nosso aspecto individual – que se relacionam com nossas condições de percepções e escolhas e com nossas habilidades de emitir respostas adequadas diante das situações.

Esculpimos nosso destino em instantâneas e sucessivas opções, ora mais repetitivas, ora mais criativas, ora mais presentes e originais ou menos centradas e mecanizadas. Conforme conseguimos naquele exato momento, continuamente elegemos o que, o como e/ou o com quem.

O homem situa-se atuante no mundo, desempenhando papéis em constante relação de influências – nutre-se delas e as influencia. Quando filmamos uma situação, o que podemos observar é como e com quem as pessoas estão exercendo alguns de seus papéis naquele momento, como estão (ou não) interagindo. Pelos papéis sociais, psicodramáticos e psicossomáticos, revelam-se pistas de suas interações, de como se escolhem e são escolhidos no seu contexto, e de como conseguem (ou não) criar saídas às demandas – inter e intrapsíquicas, inseparáveis em si mesmas e do meio.

Papéis sociais são os que desempenhamos no cotidiano familiar, profissional, na realidade social. Para Moreno a espontaneidade e a capacidade de distinção entre realidade e imaginação são parâmetros de saúde. Em situações de grande estresse tendemos naturalmente a uma regressão protetora, que tende a nos remeter a viver papéis menos amadurecidos. Assim, podemos momentaneamente infantilizar e emitir respostas por meio de papéis psicodramáticos (como num mundo imaginário no lugar do mundo social) ou de papéis psicossomáticos (tendo uma diarréia e não podendo ir fazer o que estava previsto – uma prova, por exemplo) no lugar de emitir respostas compatíveis com a ocorrência social.

É claro que podemos simplesmente brincar e exercer saudavelmente papéis psicodramáticos, retornando às funções sociais – por escolha. Assim, intervenções preventivas por estímulo a espontaneidade e tele terão repercussão na saúde do desempenho de papéis, favorecendo o exercício de papéis sociais (mais adequados) e desestimulando sua substituição por papéis psicossomáticos (Zampieri, 2004*a* e *b*). Assim, além da psicoterapia, o *role-playing* e o adestramento da espontaneidade, propostos por Moreno (1987), são intervenções de escolha para uma prevenção.

Podemos também olhar para o sistema social e suas dimensões.

"No começo existia o grupo, no fim existia o indivíduo" (Moreno, 1983, p. 21-2). Assim Moreno descreve sua concepção de sujeito no mundo. O sujeito faz sentido no seu contexto, com as suas relações na tricotomia social. Ele reconhece nas forças do grupo um poder decisivo na estruturação da vida social. Conceitua que a verdadeira realidade social é resultado de uma dimensão visível e outra subjacente.

O *socius* é uma práxis viva composta por interações passíveis de observações diretas e por correntes afetivo-emocionais cujo mapeamento pode ser obtido pelo teste sociométrico. Métodos sociométricos se fazem com intervenções de escolha. Mesmo ao lidar-se com um indivíduo, representante do grupo, é importante olhar mais amplamente, levando-se em conta o sistema do qual ele faz parte, e acreditar que, como descrevemos em nossa proposta da generalização da Lei de Lenz para o contexto social, mudanças em um subsistema promovem mudanças em subsistemas vizinhos por correntes induzidas – ampliando-se o processo de mudança (Zampieri, 2004*a*).

A cidadania só faz sentido como produto entrelaçado dessas dimensões. Foi acreditando em tais fundamentos que nos propusemos intervir em rede para a desconstrução de padrões codependentes anticidadania (Zampieri, 2004*a* e *c*). Foi com toda vontade de fazer algo, ainda que irrisório, que nos propusemos o projeto Terapia de Rua & Cidadania.

A cidadania está associada com a saúde relacional, que por sua vez está associada com a saúde inter e intrapsíquica. Está associada ao segundo universo do desenvolvimento na matriz de identidade, ao discernimento e ao livre-arbítrio.

No presente projeto objetivamos estimular a espontaneidade, a percepção de um ser responsável por si mesmo, pela saúde e pelas interações neste mundo, dar subsídios mínimos para ser um sujeito cidadão, mesmo tendo esse projeto pequeno raio de ação.

Na intervenção propriamente dita, podemos enfatizar o sistema social (e a cidadania) e/ou individual (e sua saúde). Na prática, ora um, ora outro desses aspectos foi privilegiado. E sempre que possível uma correlação indivíduo-cidadão foi realçada visando conscientizar o protagonista sobre sua co-responsabilidade por si mesmo. E já constatamos aí como a subjetividade do diretor influencia diretamente a intervenção com o uso do psicodrama.

O diretor é um interventor–observador–participante que elege e regula o foco e interatua na fluidez do trabalho, com o auxílio dos egos e dos demais presentes – e muitas vezes dos ausentes. Ainda que o diretor não dite suas crenças nem imponha seus valores ao protagonista, o que ele enquadra como produtor na seleção do material apresentado pelo sujeito e pelo grupo faz-se pela interação com o que ele é. O que torna cada encontro – e cada encontro terapêutico – único.

De modo geral, tanto ao priorizar-se o sujeito, tal como no caso da Patrícia no psicodrama público, quanto ao ampliar-se o contexto, tal como no primeiro protagonismo do trabalho efetuado em Belo Horizonte, valem ainda observações tais como as que se seguem.

FORMATO

Moreno não apenas criou a psicoterapia de grupo como também foi o precursor de uma sessão grupal a distância, o que fez ao modernizar o método socrático dos diálogos – que resultou em *Fundamentos do psicodrama*, em 1954.

Moreno compara o formato para psicoterapia adotado pelas linhas junguiana, freudiana, adleriana e psicodramática, salientando a importância de uma estruturação justificada cientificamente, por dois motivos principais: seja tal que a eficácia do tratamento repouse na ciência e não na arte do terapeuta e, com vistas à pesquisa, na aplicação universal, na repetição ou na experimentação. Para ele o formato da situação terapêutica, "nos quais se diz que acontece a análise, o tratamento e a cura", equipara-se aos rituais da religião. Esclarece que o formato tem duas componentes: uma veicular, outra instrucional. Alega a sua escolha pelo "uso mais consciente e enfático de um 'veículo' em nossos dias (que) é o teatro terapêutico" (Moreno, 1983, p. 107-8).

Observar o formato nas incursões do presente trabalho foi uma de nossas preocupações. Temos mantido o ritual da chegada, aquecendo a equipe, o pessoal da infra-estrutura na estação rodoviária, que nos empresta mesa e cadeiras para aferir a pressão arterial (muitos já "passaram pela terapia"), a maquiagem, o trabalho propriamente dito e o encerramento do dia com o breve compartilhar com o grito final. Cada grupo apresenta suas peculiaridades, é diferente na AAMIC. Ali praticamos o psicodrama com vários egos com uma população que evita entrar em contato com tudo que possa lembrar o câncer, como se assim ele piorasse, que traz suas dificuldades anteriores à doença do filho atropeladas pela nova realidade. Se o câncer pode desviar a atenção do casal de questões não resolvidas, a terapia pode ser desconfortável, até mesmo indesejada.

Nota-se também uma resistência em lidar-se com outras questões, como se o mundo parasse e se assinasse um aval para não ter de olhar para mais nada além da doença do filho. Porém a doença também não deve ser vista, apenas que sirva para endossar o aval para "viver no limbo", à parte do mundo e seus problemas.

Tateamos por realidades mistas, buscando a temática emergente e uma compreensão do movimento do grupo. Tentamos identificar seus aparentes avanços e fortes recuos, que têm ocorrido com fatal esvaziamento na sessão que se segue a um encontro mais sombrio.

Quando não surgem emergências focamos a potência, recursos de que os presentes dispõem para enfrentar dificuldades. Não sabemos o alcance do trabalho. Temos depoimentos muito positivos de pessoas que percebem sua melhora na resolução de problemas, no relacionamento com o parceiro e os outros filhos, e nos sentimentos e ações em relação ao filho doente e ao câncer. Temos também pessoas que não querem participar do grupo.

Etapas e contextos

É visível, na rodoviária, o aquecimento do pessoal das vizinhanças, policiais, banca de revista, guichê de informações, ao longo do ritual inicial. Sabem o que está por vir. Notamos sua expectativa, como "respiram diferente" e por vezes nos solicitam. O clima terapêutico se estabelece ali, no espaço aberto e cheio de movimento.

O *setting* terapêutico se estabelece para o transeunte no instante em que ele é tocado pelo que vê: interno e externo, num canal predisponente que faz diminuir o passo. O interno aproxima-se antes de o corpo acompanhá-lo: se aquecê-lo o suficiente, vencerá resistências. Transladado do contexto social ao grupal, fazendo o ninho que acolhe o protagonista, às vezes mergulha rápido no contexto dramático. Se permanecer no social, aperta o passo e vai embora.

Onde será que se inicia a platéia no teatro aberto? Pessoas lado a lado, no entanto uns dentro, outros fora da platéia. O que distingue os contextos são os canais interlocutores, que permitem ao sujeito, lançar-se numa relação EU–EU mediada pelo contexto dramático. Aqueles lincados ao contexto dramático constituem um "grupo" que, nesse momento, experimenta um canal comum.

Em seu caráter multiveicular, o psicodrama permite a comunicação e a projeção. O protagonista interage ou assiste a suas fantasias, medos, preocupações. O mundo interno concretizado e observado, compartilhado por estranhos. No entanto, quem vê não ouviu o que ele disse ao diretor, ele fala próximo e o espaço é aberto e barulhento. Mesmo assim param e é possível observar neles, como vemos nas gravações, uma interação de imagens, cenas-e-eles-próprios, absortos e reflexivos. Algo se processa ali e por vezes alguém se aproxima, toca em nosso braço, pede atenção, entra na cena. Projeta no ato do outro o seu próprio drama. Ali a linguagem é o veículo que menos fala.

Certa feita duas madres chegaram cedo, queriam conhecer o trabalho. Permaneceram ali, depois se sentaram – as enfermeiras e os policiais providenciaram cadeiras. Por fim vieram, uma e depois a outra, cada drama um drama – o ritual completo: com as medidas de pressão arterial antes e ao final. No fechamento do dia compartilharam e gritaram junto conosco, nos abraçaram um a um. Nas suas expressões e nas falas, alegria, respeito, emoção e encontro.

Quanto aos grupos de psicoterapia, a família constitui a primeira fonte de suporte social na adaptação e no manejo da doença. Além dos próprios temores do sujeito em relação ao transplante de medula óssea (TMO), dificuldades financeiras e variáveis individuais, como a depressão materna, podem influenciar as respostas da criança ao tratamento e desenvolvimento da doença, com influência direta sobre a adesão ao tratamento (Dobkin *et al.*, 1995).

O suporte infra-estrutural que a AMICC proporciona aos familiares inclui a estada em um apartamento, alimentação, cuidados paralelos, tais como instruções específicas sobre o tratamento, alimentação, meios de melhorar a renda familiar, além da psicoterapia.

CONCLUSÃO E ABRANGÊNCIA (UTILIZAÇÃO DO MÉTODO EM OUTROS CONTEXTOS)

A equipe se surpreende muitas vezes com a velocidade com que ocorrem os encontros e com que termina a ação. Os protagonistas que esperam por sua vez entram muito aquecidos, falam sobre suas dificuldades ali, talvez até por darem-se conta de que, no burburinho da estação rodoviária, não se ouve a história do outro. As seqüências de cenas que viu devem aquecê-lo, além do que o significado é atribuído por todo membro da platéia. Parece atuar como *link* entre o visto, o percebido e sentido e imagens internas de cada um. Nas gravações vêem-se na fila ou em volta pessoas contritas, reflexivas em relação EU–EU.

O protagonista parece protegido, não dá mostras de sentir-se exposto ou invadido. Aquele que não se aquece não entra, às vezes até fala e vai embora. Isso vale tanto para o trabalho na rua como para os grupos de familiares. Com os últimos, o aquecimento é mais lento e desigual. Vêm freqüentadores e novatos, o tempo de aquecimento dos familiares de crianças com câncer é maior e, muitas vezes, é o que prevalece no encontro.

Conclui-se que a metodologia é flexível e sujeita a experimentações. O psicodrama com seus veículos espaciais multidimensionais favorece a liberdade de movimentos e de ação e estimula a espontaneidade e liberdade de interação do protagonista com seu drama. A situação dinâmica parece induzir a uma percepção mais realista, promovendo o *insight* – o que tem se mostrado possível mesmo com brevíssimo tempo: após a fala do protagonista, as intervenções têm durado de um a dez minutos por protagonista; a maioria, dois a quatro minutos. O que se mostra como comportamento simbólico pode ser estudado mais eficientemente (eficácia e economia de tempo) por métodos ativos e operacionais do que por métodos verbais.

Essa mesma percepção mais realista promovida pela ação parece assustar algumas pessoas nos grupos de familiares das crianças com câncer. Percebemos nitidamente por vezes sua resistência em participar do grupo de psicoterapia.

Tanto na rua como na associação, a equipe dedica-se à socialização e ao uso adequado dos serviços da saúde mental, à orientação e ao estímulo à responsabilidade pela própria saúde, com a adesão ao tratamento.

Apenas no grupo na associação e em alguns *feedbacks*, quando nos procuram na rodoviária, é possível termos respostas sobre o que se consegue. Mesmo assim, na AMICC as pessoas já estão muitas vezes fazendo tudo o que podem para colaborar com o tratamento do filho. Porém, temos observado mães pouco envolvidas com a própria saúde e com uma tendência a abandonar tudo aquilo que não tem relação direta com o filho doente. Nesse aspecto constatamos algumas alterações importantes.

Relato do Projeto terapia de rua & cidadania: a comunidade em cena no XIV Congresso Brasileiro de Psicodrama em Belo Horizonte, em 11 de junho de 2004

Direção: Maria Aparecida Junqueira Zampieri.
Egos: Milene, Ana Helena, Marina, Roberto, Edna.
Parque Municipal Américo René Gianneti, 9h30 às 11h30.

Ao Parque Municipal a trupe chegou às 9h15. Já havia um carro de uma TV local à nossa espera, fizeram uma entrevista inicial – já haviam conversado na véspera, aguardaram o início do trabalho, que estava agendado para as 9h30. A equipe da enfermagem solicitada e providenciada pela dra. Marilene Gonçalves Ferreira chegou, expliquei o que esperava da equipe, fomos procurar um lugar adequado.

"Instalamo-nos" em um nicho do parque, com bancos e um palco em dois degraus, onde já havia algumas pessoas sentadas. Perguntei quem eram: alguns participantes do congresso; outros, moradores locais. Solicitei às enfermeiras que ficassem logo ao lado, embora percebesse a seguir que elas se instalaram no lado oposto da "rua". Depois retornaram para próximo de nós. Seu papel é muito importante, pois funcionam a um tempo como chamariz à terapia e como coleta de dados para a pesquisa que fazemos regularmente, medindo a pressão arterial antes e depois da intervenção terapêutica.

Havíamos feito a opção de não utilizar microfone, a fim de ficar como fazemos normalmente em Rio Preto, mas, ao olhar o público, me arrependi imediatamente.

Expliquei aos presentes que se tratava de uma proposta de intervenção brevíssima, de encontro único, ali, aberto, diante dos presentes. Falei de Moreno, aquecendo o público, buscando uma platéia, nos aquecendo. Citei a estação rodoviária de Rio Preto, nosso ponto mais freqüente.

Tivemos, ao longo de quase duas horas, seis protagonistas e duas entrevistas para (dois) canais de TV, que foram adaptadas à ação. O protagonista do assalto à mão armada mobilizou bastante a platéia e tivemos ao vivo um fluxodrama. Relatamos aqui outros dois casos.

Primeiro Protagonista

Nossa primeira protagonista veio encaminhada pela enfermeira, como ocorre normalmente em nosso trabalho. Ela trazia ao braço sua irmã, senhora idosa que estava doente e passeava um pouco no parque. Ela começou a falar pela irmã e me dei conta de sua emergência. Propus que ela viesse ao palco deixando a irmã sentada com alguém, e ela veio muito rápida e pronta. Senti imediatamente a falta do microfone. Seu tema protagônico era um presente divino: a codependência que eu estava lançando no congresso.

Professora aposentada, trouxe sua dor de acompanhante/controladora, sua compulsão por ajudar. Contracenou com os atores espontâneos em belas imagens. Pedi que olhasse de fora. "Saímos" do drama particular para o drama social. Da sua ação de ajudadora/controladora da irmã para a realidade socioinstitucional ajudadora/controladora. Pôde ver ali e demarcar, a cada solilóquio, a necessidade de um olhar mais realista dos governantes para atingir um equilíbrio entre oferecer ajuda efetiva, que não impeça o povo de crescer, e o limite necessário para não estimular nele a dependência crônica.

"Mostre aos atores como devem fazer para ajudar" (e eu cochichava aos egos para ficarem moles e irem caindo, outros ajudavam, mas iam escorregando). Ela se exasperou: "Não, não caiam!". Perguntei: "Mas o que fazer para que eles não caiam?". Ela disse que tinham de ficar fortes, firmes e não molengos. Perguntei como poderiam conseguir isso. Ela voltava-se diretamente aos egos: "Levantem! Força!". Ela ajudava a erguê-los. Perguntei quem era ela. "A ajuda." Perguntei-lhe quem eram eles (egos). "Quem precisa de ajuda." Afastei-a da cena, pedi que observasse em espelho e repeti a pergunta. "O povo." Perguntei novamente quem era a ajuda. "O governo." Perguntei o que ele poderia, precisaria fazer. "Educação, saúde, instrução." "Mas isso já não existe?", perguntei pedindo que alguém da platéia simbolizasse cada item. Ela olhou a cena (ego pendurado, sustentado por outros egos), olhou em volta e disse: "Mas não assim". "Como? O que não está bom aí?" "Não pode ficar caindo, os outros segurando." "O que está ocorrendo ali?" "É assim mesmo que ficam: sempre pendurados." Falei para ela e para a platéia. "Isso é a codependência. Ocorre em famílias, em empresas, em instituições, em muitas relações político-sociais. Como mudar isso?" Responderam: "Precisa dar instrução, abrir emprego". Perguntei: "O que acontece se ficarem segurando sempre?". "Vão ficar sempre assim, esperando alguém que os segure." "Como mudar então?", insisti. "Precisa ajudar, mas não pode ficar sempre ali. O cidadão tem de ser forte ele mesmo, sentir que pode conseguir ele mesmo." "Mas, então, e o governo?", insisti. A protagonista respondeu: "Ele precisa ajudar, mas tem limite. E só dar condição, não pode ir além do limite, se não não vira cidadão, vai depender sempre dos outros".

Aproximei-me novamente dela, perguntando: "E o que a incomoda nessa história?". "...eu também faço isso." "Com quem?" "Com a minha irmã. Com outras pessoas também." Disse a ela: "A codependência".

Ela respondeu: "É! Não quero mais fazer isso".

"Como?"

"Vou prestar mais atenção. Tem limite. Tem coisas que ela pode fazer sozinha. Quer fazer sozinha."

"E você pode deixar? Você agüenta deixar? Não vai se sentir inútil?"

"Ah, mas posso fazer minhas coisas também." Riu.

"Pode?"

"É. Vai ser bom pra mim também."

"Você já começou aqui hoje."

Riu. "É. Eu ia trazendo a minha irmã. Mas era eu que queria vir mesmo e não sabia."

Patrícia

Desde quase o início, um dos egos me comunicou que uma garotinha com síndrome de Down queria participar. Veio até perto e sentou novamente ao ver que outra pessoa havia também se levantado. Dois protagonistas vieram antes que eu a visse novamente de pé. Em vários momentos a vi, olhos grudados nas cenas. A mãe estava junto. Convidei-as para que se aproximassem, a mãe insistia em que a filha queria ser atendida.

Perguntei à mãe de quem era a iniciativa. Disse que era da filha. Perguntei à garota: "Quem quer vir, você ou sua mãe?". Olhou-me direto nos olhos, lábios entreabertos, quieta. Insisti. Disse baixinho: "Eu". Disse-lhe que ouvira muito pouco. Brotaram lágrimas e ela repetiu: "Eu!". Era difícil entender sua fala baixa e solicitei que a mãe ficasse no degrau mais baixo para repetir o que ela dizia. Perguntei o que queria trazer. Ela me olhava intensamente e falava pouco e baixo.

Perguntei à mãe o que estava ocorrendo. Ela explicou que Patrícia era muito esperta, viva e alegre. Muito apegada ao pai. Desde que ele fora internado havia uma semana ela ficara assim, falando muito pouco e muito baixo. Não viu mais o pai e mal estava comendo.

Perguntei diretamente à menina se era isso que estava doendo. Imediatamente confirmou. Perguntei se ela gostaria de ver no palco o que estava lhe ocorrendo. Com seu olhar penetrante acenou rápido. A ego imediatamente se deitou, outra ficou ao seu lado, pegou sua mão. Outras duas ficaram mais longe, uma abaixada, outra em pé, afagando-a. Patrícia ficou observando muito e me olhou. Perguntei se era isso. Confirmou. Perguntei quem estava deitado. Disse que era o pai. Quem estava junto? O médico. Quem estava mais longe? Disse que era ela – e a outra, a mãe. Perguntei se queria entrar na cena. Confirmou e se aproximou quando lhe acenei. Imediatamente se aproximou do pai, pegou suas mãos, a ego foi levantando. Perguntei o que ela gostaria de fazer. Olhou-me e disse: "Abraço". Disse a ela que podia. Abraçou e ficou assim um tempo. Chorou. Perguntei se queria dizer algo para ele. "Te amo." Depois de um tempo me olhou e disse: "Obrigada, tá bom".

No encerramento expliquei que "esse microfone invisível" passaria para quem desejasse expressar-se brevemente. Foram boas falas. Para toda a equipe foi muito gratificante, mas não me sai da memória a Patrícia indo rápido buscar o "microfone" que estava um pouco longe, virando e olhando direto nos meus olhos: "Agora estou bem. Obrigada".

Referências bibliográficas

DOBKIN, P.; POIRIER, R. M.; BONNY, Y. Family factors affecting bone marrow transplantation: a case report. *Psychotherapy and Psychosomatics*, v. 64, n. 2, p.102-8, out. 1995.

LIPOWSKI, Z. J. Somatization: the concept and its clinical application. *Am J Psychiatry*, v. 145, p. 1358-68, 1988.

MORENO, J. L. *Psicodrama*. São Paulo: Cultrix, 1987.

________. *Quem sobreviverá?* Fundamentos da sociometria, psicoterapia de grupo e sociodrama. Goiânia: Dimensão, 1994. v. I.

________. Terceira palestra: o significado do formato terapêutico e o lugar do "acting out" na psicoterapia. *In*: MORENO, J. L. *Fundamentos do psicodrama*. São Paulo: Summus, 1983. p. 107-49.

RIGHTER, E. L.; SANSONE, R. A. Tratamento da preocupação somática. *Somatização. Apoio à Educação Médica Continuada*, São Paulo, n. 53, p. 9-14, 2003.

SERVAN-SCHREIBER, D.; KOLB, R. N.; TABAS, G. Diagnóstico prático. *Somatização. Apoio à Educação Médica Continuada*, São Paulo, n. 53, p. 3-6, 2003.

ZAMPIERI, M. A. J. Transtorno de personalidade codependente: discussão sobre classificação diagnóstica e manifestações sistêmicas. *Revista Brasileira de Psicoterapia*, Porto Alegre, v. 6, n. 2, 2004*c*.

________. *Codependência:* o transtorno e a intervenção em rede. São Paulo: Ágora, 2004*a*.

________. *Padrão de codependência e prevalência de sintomas psicossomáticos*. 2004. 92 f. Dissertação (Mestrado em Ciências da Saúde) – Faculdade de Medicina de São José do Rio Preto, São José do Rio Preto, 2004*b*.

7

A INTERVENÇÃO PSICODRAMÁTICA NO PLANO DE DEMISSÃO VOLUNTÁRIA

MARIA CLARA LOPES MACHADO LEME

O trabalho apresentado neste capítulo é uma experiência a convite da Telems-Brasil Telecom, desenvolvido com três grupos de funcionários. O primeiro é formado por colaboradores, de ambos os sexos, que haviam completado seus 25 e 30 anos trabalhados e precisariam agora se aposentar. O segundo grupo era formado por funcionários que deveriam aderir ao Programa de Demissão Voluntária (PDV), desconhecido pelos funcionários e que gerou um nível de ansiedade bastante elevado. Por fim, o último grupo era formado por pessoas já aposentadas que continuavam trabalhando na empresa e deveriam, também, aderir ao PDV.

CONSIDERAÇÕES SOBRE O HOMEM NO TRABALHO

Ao fim do milênio reconhecemos que o trabalho é fundamental para o homem, não apenas como garantia de sobrevivência, mas de realização pessoal, de pertencer a um grupo, ser respeitado e valorizado. O trabalho adquire formas e relações de tal monta que acaba por formar um complexo emaranhado entre as naturezas biológica, psíquica e cultural do homem. O indivíduo, ao longo de sua existência, direciona voluntária e involuntariamente suas ações, pensamentos e desejos para o trabalho e para os resultados que esse pode lhe proporcionar sem, contudo, preparar-se para a falta dele, seja por quaisquer motivos que se apresentem. Esse indivíduo não quer passar à condição de velho e improdutivo, o que é facilmente compreensível, pois a influência dos velhos diminui nas sociedades mais desenvolvidas, em que a técnica se dissocia da magia, e de modo mais acentuado nas que dominam a escrita (Néri, 1986, p. 3).

O emprego e a vida assalariada estão desaparecendo, o fantasma do desemprego já não é exclusivo dos países chamados de Terceiro Mundo. A Europa, os Estados Unidos e outros países desenvolvidos já possuem seu próprio exército de desempregados.

O avanço cronológico, rotulado de velhice, é associado à decadência e à morte, fazendo com que a aposentadoria carregue consigo um fator de degradação do homem, que é o sentimento de inutilidade e rejeição. O aposentado não deve encarar somente o aspecto cronológico de sua permanência na empresa como adjetivo de segurança e experiência, mas sim seu desenvolvimento técnico, suas aspirações de crescimento, sua qualidade de vida e transformação psicológica e social.

Por meio da técnica do psicodrama foi dada a oportunidade aos colaboradores de uma grande empresa de telecomunicações em Campo Grande (MS) de refletir sobre aposentadoria e o PDV.

O HOMEM E O PSICODRAMA

Em nossos dias de globalização, quando as fronteiras dos países caem e o liberalismo econômico ganha vôo solitariamente pelos céus aparentemente sem ideologia para o futuro, muitas vezes se esquece, apesar dos avanços inegáveis, que o homem em geral não desenvolveu sua identidade, mas um "eu encapsulado", que não troca, que não se sente parte de algo maior. Esse eu "desconectado" e solitário solta um grito de desespero e orgulho. Não cria, pois está atado às conservas ideológicas de uma sociedade pós-industrial, cuja meta é o lucro e a competitividade, afastando o homem do caminho de assumir os conflitos e as diferenças que o caracterizam.

A virada do século, com o avanço da informática e com as comunicações sendo feitas pela Internet, parece unir todos os recantos do mundo e possibilitar às pessoas conversar com o outro lado do globo como se fosse um simples bate-papo entre vizinhos de um pequeno bairro de subúrbio. Tudo isso nos faz pensar em ação, movimento, agilidade, rapidez e principalmente em comunicação.

Moreno disse certa vez: "Existem palavras sábias, mas a sabedoria não é suficiente. Falta ação".

O psicodrama foi criado pelo psiquiatra romeno Moreno como "uma maneira de investigar a verdade através do teatro". Um dos objetivos do psicodrama é aprimorar e utilizar os meios que facilitem o predomínio de relações télicas sobre relações de transferência, no sentido moreniano. À medida que as distorções diminuem e a comunicação flui, criam-se condições para a recuperação da criatividade e espontaneidade.

Moreno pretendia que a ação dramática terapêutica levasse a algo mais do que a mera repetição de papéis tais como são desempenhados no cotidiano. A ação dramática permite *insights* profundos por parte do protagonista e do grupo a respeito do significado dos papéis assumidos. Para Moreno, toda a ação é interação por meio de papéis. Para agir em conjunto ou de forma combinada, as pessoas precisam de um tempo de preparação.

Psicodrama e ação — saber agir é saber viver

Atualmente se percebe a necessidade de buscar soluções para os problemas por meio de tratamentos que objetivem maior movimentação, agilidade, rapidez e comunicação, numa tentativa de trabalhar tanto o indivíduo em sua interioridade como também todos os tipos de relação.

O Teatro Espontâneo está intimamente ligado às artes dramáticas. Mesmo que haja verbalização, sua força maior está na ação. Era o que Moreno denominava ato terapêutico. A arte tem a propriedade de priorizar o intuitivo a partir do qual surge a emoção sem maiores racionalizações. Segundo Moreno, "O momento da vida é o momento no seio do criador". Ele afirmava que as pessoas adoeciam por estarem presas em conservas culturais, que seriam as normas, regras e/ou condutas estereotipadas que "herdamos" filogeneticamente como seres humanos insertos em determinada cultura. Quanto mais pudermos dar respostas novas a situações antigas, mais saudáveis e criativos seremos.

Moreno (1992) fez a seguinte declaração de princípios em relação ao psicodrama:

> [...] criar um dispositivo que seja uma sociedade em miniatura que permita uma catarse de integração, e não apenas análises e entrevistas verbais. Que permita estruturar eventos interiores e exteriores. Que permita ir além das ideologias particulares e coletivas e também além do simbólico para atingir um campo que estruture ab-reações, sentimentos e pensamentos em corporificações e personagens concretas.

No Brasil, como em tantos outros países, o psicodrama é um recurso psicoterapêutico cada vez mais utilizado. Os resultados bastante satisfatórios obtidos com o processo permitem afirmar que um número cada vez maior de pessoas terá resgatadas sua criatividade e espontaneidade mediante o processo concebido por Moreno e aperfeiçoado por seus discípulos.

O psicodrama visa à melhoria da qualidade de vida e à resolução de problemas intrapsíquicos e relacionais por meio da ação psicodramática. Prioriza ainda o verdadeiro encontro em todas as relações. Isso significa que a utilização do psicodrama é muito produtiva, não só no âmbito terapêutico, mas também em todas as outras áreas da atividade humana.

Etapas da ação dramática com os grupos de colaboradores — Telems

- Conduzir o grupo a suas reais possibilidades de ter qualidade de vida após a aposentadoria.
- Possibilitar ao grupo criar histórias de vida diferentes.
- Estimular a criatividade e a espontaneidade no convívio grupal e familiar.
- Dar possibilidades aos colaboradores de criar opções satisfatórias de trabalho e realização pessoal.
- Melhorar a auto-estima das pessoas, que poderão passar por um processo de transformação e mudanças profissionais.
- Possibilitar aos colaboradores experienciar medos, frustrações, mágoas, perdas, ganhos e novos horizontes diante do novo.
- Permitir a reflexão em grupo, redimensionando posturas para a vida.

- Possibilitar ao grupo despedir-se sem mágoas, medos e insegurança, recomeçando com esperança e confiança na experiência adquirida ao longo de sua trajetória profissional.

O DESENVOLVIMENTO DOS GRUPOS EM TRÊS PARTES

O trabalho foi realizado durante dois meses com 80 colaboradores da empresa nas cidades de Campo Grande, Corumbá, Dourados, Ponta Porã e Aquidauana. Considerando que a empresa não podia liberar tantos funcionários ao mesmo tempo, houve uma adaptação de horário em função de suas tarefas. Para tanto, foram divididos em três grupos, com quatro encontros.

A PRIMEIRA PARTE

Na primeira parte do trabalho, foi realizado um sociodrama para um grupo tenso e assustado com o PDV. Assim, foi feita uma exposição ao grupo sobre meu papel naquele momento dentro da empresa, já que era um agente estranho a esse grupo e estávamos ali para que juntos pudéssemos olhar e avaliar como seria aquele momento, o que a aposentadoria representava na vida de cada um, como eles lidariam com o novo, o inesperado, e concluir que a terceira fase de suas vidas não seria o fim, mas um recomeço para outros projetos pessoais e profissionais. Que aposentar não é sinônimo de derrota ou fim de linha e muito menos colocar o chinelo de pano e sentar na cadeira de balanço na frente da tevê. Ficou claro que esses dois meses juntos serviriam para que eles pudessem separar-se dos colegas que ficariam e dos que iriam junto, bem como para viabilizar novos projetos e novos sonhos.

A SEGUNDA PARTE

Na segunda parte, os grupos foram então trabalhados por meio de jogos e técnicas psicodramáticas. O sociodrama iniciou-se pelo olhar do "eu" privado indo para o "eu" em grupo, em que as pessoas olharam para dentro de si individualmente, depois formaram duplas e disseram como estavam lidando com aquele novo momento, passando para trio, quarteto, até chegarem a grupos de 15 a 20 pessoas.

Cada grupo montou uma cena que expressava seu sentimento em relação ao PDV e à aposentadoria. Ao final, foi montada a imagem de um grande coração que pulsava, se emocionava e cantava as músicas "Adeus, amor, eu vou partir..." e "Está chegando a hora...". Esse momento foi encerrado com a formação dos grupos de trabalho.

A TERCEIRA PARTE

O grande grupo foi dividido em cinco menores, de aproximadamente 15 a 20 participantes, com quatro encontros semanais de quatro horas cada um, perfazendo um total de 16 horas trabalhadas por grupo. Um quinto encontro foi marcado para unir o grande grupo, reunindo os participantes das demais localidades, objeto deste trabalho. Em Corumbá e Dourados o trabalho foi realizado de forma intensiva com dois encontros de oito horas cada um e intervalos de 15 dias.

O psicodrama possibilita ao cliente lidar com sua intimidade perante um público em uma relação mais próxima da realidade, diminuindo a distância entre o vivenciar terapêutico e o vivenciar real.

A cada início de trabalho, era feita uma leitura com os grupos para que fosse externalizado como eles haviam passado a semana e como estavam lidando com essa nova etapa. Foram ainda trabalhadas as despedidas dos que deixaram a empresa, as homenagens internalizadas, a auto-estima, a valorização do eu, a busca de novas referências e de novos projetos. Além disso, também foram trabalhados os encontros mais harmoniosos com a família, o retorno para casa, a saída da rotina, o desprendimento e o reencontro consigo mesmo.

O encerramento do trabalho culminou com uma grande festa no auditório da Telems. Cada grupo apresentou uma cena, uma peça de teatro, uma música, uma poesia, dentre outros, como forma de expressar os sentimentos e as homenagens aos colegas de trabalho, que tinham conhecido melhor e com quem tinham estreitado laços de amizade. Os participantes aprenderam também a despedir-se dos que ficaram, pois foram convidados os funcionários que permaneceriam na empresa para participar do evento.

Essas composições tiveram como conteúdo um ato sociodramático, ou seja, uma expressão interna criativa produzida pelo próprio grupo. Os funcionários que ficaram prestaram homenagem aos que saíram. Os familiares também foram convidados a participar. Após muita emoção, entrosamento, alegria e choro, foi feito um grande círculo em torno das pessoas que tinham ido prestigiar o encontro e foi cantada uma linda música.

OS RESULTADOS

Pude comprovar quanto o psicodrama é uma ciência que explora a verdade do ser humano, permitindo-lhe entrar em contato profundo consigo mesmo e com sua natureza intrinsecamente plural, dando-lhe, assim, grandes possibilidades de transformação para uma qualidade de vida melhor, um mundo mais humano e mais verdadeiro.

Também percebi como esse instrumento nos possibilita tratar com maestria de relações interpessoais e de mundos particulares. Nos trabalhos em grupo havia a preocupação de que cada indivíduo pudesse perceber o gênio em potencial que tem dentro de si. Cada indivíduo caracteriza-se por certa variedade de papéis que regem seu comportamento. O psicodrama surge como palco de liberdade e libertação, em que o indivíduo é estimulado a procurar sua verdade e a reencontrar-se.

Com base na teoria dos papéis trabalhei com os grupos suas possibilidades de transformação por meio do contato direto e real com as pessoas, em estado de espontaneidade no contexto grupal e no contexto do "como se", pois, quando alguém se coloca no papel do outro, percebe claramente que não é o único que enfrenta situação semelhante, e aumentam as possibilidades de mudanças.

Ficou evidente que o trabalho desenvolvido propiciou às pessoas a oportunidade de desempenhar melhor todos os seus papéis na vida, permitiu *insights* profundos por parte do protagonista e do grupo a respeito do significado dos papéis assumidos.

Concordamos com Moreno (1992): para fazer frente às várias situações traumáticas da vida e do nosso dia-a-dia, quanto mais pudermos dar respostas novas a situações antigas, mais saudáveis e criativos seremos. Daí o cunho terapêutico e transformador.

Ao final de cada trabalho de grupo, eu me sentia como um mágico que tirava lenços e coelhos da cartola, e, quanto mais eu os tirava, mais apareciam. Fui bastante homenageada pelas pessoas com que trabalhei. Recebi demonstrações de carinho, de agradecimento e diversos tipos de presentes. Isso me deu a certeza de que, quanto mais o tempo passa, mais inteira e feliz eu fico com minha opção profissional.

Relatos e depoimentos

Os resultados podem ser avaliados pela quantidade de depoimentos que relataram a importância do trabalho realizado. A seguir transcrevo uma pequena mostra:

> Tive um despertar maravilhoso da vida lá fora, pois fiquei presa em uma gaiola por 24 anos e 8 meses. Embora muito boa essa gaiola, eu teria que me afastar dela.
>
> Para mim foi muito eficiente, me ajudou a ter liberdade de expressão e vontade de viver. O trabalho nos mostrou como podemos viver de maneira tranqüila e sempre firme com nosso propósito de vida.
>
> As técnicas usadas por ela são verdadeiros milagres, pois fizeram com que meus ressentimentos, dores e mágoas se transformassem em perdão e muito amor.

A lição que fica

Com este trabalho, pode-se perceber que as pessoas estavam em situação de acomodação dentro da empresa, em que trabalhavam havia muitos anos. Depois de passarem por todo o processo sociodramático, elas entenderam que estava na hora de crescer, que aquele "pai" não existia mais, mas que outras possibilidades de realização começariam. E o pai, antes castrador, transformou-se no pai que liberta e ensina que agora somos adultos, independentes e com dinheiro no bolso para as auto-realizações.

REFERÊNCIAS BIBLIOGRÁFICAS

ALMEIDA, Wilson Castello de. *Moreno: encontro existencial com as psicoterapias*. São Paulo: Ágora, 1990.

BUSTOS, Dalmiro. *O psicodrama* – aplicações da técnica psicodramática. São Paulo: Summus, 1982.

D'ANDRÉA, Flávio Fortes. *A realidade interna* – psicodrama aplicado. São Paulo: Difel, 1972.

MARTÍN, Eugênio Garrido. *Psicologia do encontro*: J. L. Moreno. São Paulo: Ágora, 1996.

MASSARO, Geraldo. *Loucura: uma proposta de ação*. São Paulo: Ágora, 1994.

MORENO, J. L. *Quem sobreviverá?* Fundamentos da sociometria, psicoterapia de grupo e sociodrama. Goiânia: Dimensão, 1992.

As autoras

Antonia Lucia Ribeiro Freitas

É psicóloga clínica, psicodramatista didata supervisora no foco psicoterapêutico e especialista em casal e família.

Cida Davoli

É psicóloga e psicodramatista didata supervisora pelo Instituto de Psicodrama e Psicoterapia de Grupo de Campinas (IPPGC–Febrap).

Cristiene Gama Tenório

Psiquiatra, psicodramatista didata supervisora no foco psicoterápico, é diretora-geral do Cosmos Psicodrama-Recife, especialista em terapia de casal e família e coordenadora de saúde mental da Prefeitura da Cidade do Recife.

Heloisa Junqueira Fleury

Psicóloga, pós-graduanda em Ciências pela Faculdade de Medicina da Universidade de São Paulo (FMUSP), é supervisora em psicoterapia do Projeto Sexualidade (ProSex) do Instituto de Psiquiatria do Hospital das Clínicas da FMUSP e professora do Departamento de Psicodrama do Instituto Sedes Sapientiae. É também didata supervisora nos focos socioeducacional e psicoterápico pela Febrap.

Maria Aparecida Junqueira Zampieri

Física e psicóloga, é mestra em Ciências da Saúde pela Faculdade de Medicina de São José do Rio Preto (Famerp). Psicodramatista didata supervisora, atua como terapeuta de casal e família. É diretora de ensino e pesquisa no Ciclo de Mutação e autora de *Codependência: o transtorno e a intervenção em rede* (Ágora, 2004).

Maria Clara Lopes Machado Leme

É psicóloga, especialista em Gerontologia Social e psicodramatista.

Marlene Magnabosco Marra

Psicóloga e psicodramatista didata supervisora nos focos socioeducacional e psicoterápico pela Febrap, é coordenadora de ensino e professora do Instituto de Pesquisa e Intervenção Psicossocial (Interpsi). Formou-se mestra em Psicologia Social pela Universidade Católica de Brasília (UCB). É terapeuta familiar sistêmica pelo Instituto de Pesquisa e Intervenção Psicossocial (Interpsi) e consultora escolar e coordenadora do Comitê Organizador Local do 16º Congresso Internacional de Psicoterapia de Grupo.

Rosane Avani Rodrigues

Psicóloga e psicodramatista didata supervisora nos focos psicoterápico e socioeducacional, é mestre em Artes Cênicas pela ECA-USP. Professora de psicodrama e teatro no Departamento de Psicodrama do Instituto Sedes Sapientiae, é co-autora do livro *O jogo no psicodrama* (Ágora, 1995) e dos jogos "Cia. de Teatro" e "Brincando de Teatro", além de diretora do Grupo Improvise.

leia também

UM OLHAR SOBRE A FAMÍLIA
TRAJETÓRIA E DESAFIOS DE UMA ONG
Célia Valente (org.)

O Centro de Estudos e Assistência à Família (CEAF), que desempenha papel importante a famílias de baixa renda, com atendimento psicológico, terapêutico e educacional gratuito, completa vinte anos. Anualmente, duas a três mil pessoas passam pelo CEAF, que atua com metodologia própria e é referência na área. Sua história é narrada neste livro, com o objetivo de estimular outros profissionais que trabalham com populações de risco.

REF. 20875 R$ 31,20 ISBN 85-7183-875-5

A ÉTICA NOS GRUPOS
CONTRIBUIÇÃO DO PSICODRAMA
Antonio C. Cesarino; Aníbal Mezher; Camila S. Gonçalves; Débora Diniz; Marília J. Marino; Valéria C. A. Brito; Wilson C. de Almeida

Autores de primeira linha escrevendo sobre a práxis da ética. Eles abordam temas como a questão do sigilo nos grupos, cidadania e educação e os conceitos de formação moral e ética que, segundo eles, "não se ensina mas dá-se como exemplo e constrói-se na relação".

REF. 20805 ISBN 85-7183-805-4

O FIM DO SILÊNCIO NA VIOLÊNCIA FAMILIAR
TEORIA E PRÁTICA
Dalka C. A. Ferrari e Tereza C. C. Vecina (orgs.)

Os artigos aqui reunidos foram escritos por profissionais do Centro de referência às vítimas de violência – CNRVV. O livro aborda temas como a retrospectiva da questão da violência, o modo de funcionamento de uma sociedade e as intervenções possíveis. É uma obra de grande importância para todos os que lidam com esse tema devastador, mostrando que há, sim, saídas possíveis.

REF. 20807 ISBN 85-7183-807-0

GRUPOS
A PROPOSTA DO PSICODRAMA
Wilson Castello de Almeida (org.)

A busca por trabalhos em grupos vem conquistando espaço em empresas, escolas, hospitais. O psicodrama tem uma proposta clara para oferecer, de excelente aplicação em numerosas situações coletivas. Este livro traz artigos de 16 profissionais de destaque que discorrem sobre diferentes aspectos do psicodrama.

REF. 20702 ISBN 85-7183-702-3

leia também

O AGENTE SOCIAL QUE TRANSFORMA

O SOCIODRAMA NA ORGANIZAÇÃO DE GRUPOS

Marlene Magnabosco Marra

Uma amostragem clara e objetiva do uso do sociodrama na formação de pessoas capazes de promover o regate da cidadania e dos Direitos Humanos. A autora descreve trabalhos que permitiram a boa comunicação entre conselheiros tutelares e famílias, tendo como resultado o surgimento de multiplicadores. Para profissionais das áreas de psicologia, educação, saúde e serviço social.

REF. 20885 ISBN 85-7183-885-2

100 JOGOS PARA GRUPOS

UMA ABORDAGEM PSICODRAMÁTICA PARA EMPRESAS, ESCOLAS E CLÍNICAS

Ronaldo Yudi K. Yozo

Instrumento de trabalho indispensável para qualquer profissional que trabalha com grupos. O autor classifica os jogos de acordo com o momento do grupo, sendo, portanto, extremamente didático. A paginação facilita uma consulta rápida e eficiente.

REF. 20510 ISBN 85-7183-510-1

CODEPENDÊNCIA: O TRANSTORNO E A INTERVENÇÃO EM REDE

Maria Aparecida Junqueira Zampieri

Este é o resultado de um trabalho de sistematização. Ele aprofunda conceitos de psicopatologia, desenvolvimento humano e prática metodológica de trabalhos científicos. Estuda formas de intervenção que possam favorecer o sujeito para que atue efetivamente com seu grupo, priorizando o indivíduo em seu contexto familiar e social. É um profundo estudo sobre a questão da codependência.

REF. 20877 ISBN 85-7183-877-1

DO PLAYBACK THEATRE AO TEATRO DE CRIAÇÃO

Albor Vives Reñones

A leitura desse livro é provocante e inspiradora. O autor escreve como um bom escritor, faz reflexões como um bom pensador e cria como um artista. Para quem gosta da linguagem do teatro em suas aplicações não-convencionais, é imperdível. Recomendado também para artistas em geral e terapeutas grupais.

REF. 20783 ISBN 85-7183-783-X

leia também

MAIS DO QUE UM JOGO

TEORIA E PRÁTICA DO JOGO EM PSICOTERAPIA

Pablo P. Knappe

Todo profissional que tem dúvidas quanto à utilização de jogos em terapias terá aqui um prato cheio; os que já os utilizam, entenderão melhor o seu potencial. Teorias, conceitos, linguagem, limites, liberdade, invenção – o jogo aqui é dissecado e o autor explica por que o considera a essência da psicoterapia. Recomendado aos que trabalham com jogos, aos psicodramatistas em especial.

REF. 20645 ISBN 85-7183-645-0

PLAYBACK THEATRE

UMA NOVA FORMA DE EXPRESSAR AÇÃO E EMOÇÃO

Jo Salas

O playback theatre é uma nova modalidade de atividade grupal que pode ser utilizada por atores, terapeutas, educadores e assistentes sociais. A autora, uma de suas criadoras, descreve aqui as origens, a técnica e a filosofia dessa prática. Divertido e esclarecedor, traz inúmeros exemplos de encenações e fotos.

REF. 20703 ISBN 85-7183-703-1

O PSICODRAMA

APLICAÇÕES DA TÉCNICA PSICODRAMÁTICA

Dalmiro M. Bustos e colaboradores

Reedição revista e ampliada com novos artigos da obra coordenada por um dos grandes mestres do psicodrama. Desde os conceitos gerais até sua aplicação específica com crianças, adolescentes e casais, esta é uma obra abrangente e que mostra um panorama de 30 anos de atividades de Bustos.

REF. 20895 ISBN 85-7183-895-X

TEMAS PROIBIDOS

AÇÕES ESTRATÉGICAS PARA GRUPOS

Antony Williams

Criativo e original, este livro é dirigido a profissionais que trabalham com grupos. O título refere-se àqueles assuntos que, inconscientemente, são evitados em nome de lealdades invisíveis, impedindo o grupo de avançar com espontaneidade. Oferece técnicas de aquecimento para provocar transformações. Leitura indispensável para líderes de grupos, em especial na área empresarial.

REF. 20524 ISBN 85-7183-524-1

IMPRESSO NA

sumago gráfica editorial ltda
rua itauna, 789 vila maria
02111-031 são paulo sp
telefax 11 **6955 5636**
sumago@terra.com.br

GRÁFICA
sumago

dobre aqui

ISR 40-2146/83
UP AC CENTRAL
DR/São Paulo

CARTA RESPOSTA
NÃO É NECESSÁRIO SELAR

O selo será pago por

SUMMUS EDITORIAL

05999-999 São Paulo-SP

dobre aqui

recorte aqui

EDITORA ÁGORA

CADASTRO PARA MALA-DIRETA

Recorte ou reproduza esta ficha de cadastro, envie completamente preenchida por correio ou fax, e receba informações atualizadas sobre nossos livros.

Nome:__________ Empresa:__________
Endereço: ☐ Res. ☐ Coml. __________ Bairro:__________
CEP: _____-____ Cidade: __________ Estado: ____ Tel.: (   ) ________
Fax: (   ) ________ E-mail: __________ Data de nascimento: ________
Profissão:__________ Professor? ☐ Sim ☐ Não Disciplina: ________

1. Você compra livros:

☐ Livrarias ☐ Feiras
☐ Telefone ☐ Correios
☐ Internet ☐ Outros. Especificar:________

2. Onde você comprou este livro?

____

3. Você busca informações para adquirir livros:

☐ Jornais ☐ Amigos
☐ Revistas ☐ Internet
☐ Professores ☐ Outros. Especificar:________

4. Áreas de interesse:

☐ Psicologia ☐ Comportamento
☐ Crescimento Interior ☐ Saúde
☐ Astrologia ☐ Vivências, Depoimentos

5. Nestas áreas, alguma sugestão para novos títulos?

____

____

6. Gostaria de receber o catálogo da editora? ☐ Sim ☐ Não

7. Gostaria de receber o Ágora Notícias? ☐ Sim ☐ Não

cole aqui

Indique um amigo que gostaria de receber a nossa mala-direta

Nome:__________ Empresa:__________
Endereço: ☐ Res. ☐ Coml. __________ Bairro:__________
CEP: _____-____ Cidade: __________ Estado: ____ Tel.: (   ) ________
Fax: (   ) ________ E-mail: __________ Data de nascimento: ________
Profissão:__________ Professor? ☐ Sim ☐ Não Disciplina: ________

Editora Ágora

Rua Itapicuru, 613 7º andar 05006-000 São Paulo - SP Brasil Tel (11) 3872 3322 Fax (11) 3872 7476
Internet: http://www.editoraagora.com.br e-mail: agora@editoraagora.com.br